Ny tids bevidsthed

Kraftdyrenes Rejse

Dyrenes kraft og budskaber gennem tiden.

En støtte til at lytte til din sjæl.

Forfatter

Takanaiya Schanne Bruun

Velkommen til kraftdyrenes rejse

Takanaiya Har igennem 30 år arbejdet med det hele menneske. Hun har studeret mange spændende verdener og set healing og helbredelse på magisk vis. Hun arbejder med at forene bevidstheden og energien i kroppen. Som for hende er hjerte vejen til at leve naturen i os selv.
Det sker gennem trommerejser og shamanistiske uddannelser hvor du bla. modtager kraften af dyrene og derigennem finder hjem i din indre ro.
Ud over diverse terapi studier har hun gaven af en kraftfuld intuition og er hjulpet godt på vej af sit eget indre arbejde gennem livet.

Hun har mødt spændende Shamaner fra forskellige steder i verden som har guidet hendes rejse og understreget vigtigheden af kraftdyrenes verden som et besøg fra vores for fædre/mødre. Mange mennesker har hun løftet gennem hendes healingscirkler, hvor hun oplever dybe transformationer og healing af sår på sjælen. Hun elsker den shamanistiske del af naturterapien, samt dyrenes historie og kraftfulde hjælp. Og har på opfordring af kursister skabt denne bog kraftdyrenes rejse.

Pust kærlighed ind i bogen fra siden af
Åben bogen på en tilfældig side
og modtag dit budskab.

Indledning:

Her udkommer min længe ventede kraftdyr bog.

Efter mange påmindelser fra mine skønne kursister er det lykkedes mig at lave denne bog, som jeg ønsker vil bringe den visdom, som du søger gennem dit møde med dyrene.

I bogen vil du møde dyrenes budskab og støtte ind i en ny tid. En tid, med en kraft af indstrømninger fra universet som lige nu kalder alt levende på jorden til vækkelse for en bedre verden.

Vi løfter i flok helt ubevidst..

Vi løfter i flok som aldrig før, moder jord har brug for os alle. Jo mere du kender din indre kraft, åbner dit hjerte, jo større effekt, og hjælp til moder jord og alt levende.

Vi må i samarbejde hjælpe os selv og moder jord med at blive renset for gamle overbevisninger, og negativ energi.
Moder jord skal nok klare sig, men der ligger et sort bælte omkring jorden som er skabt af menneskenes negative tankeformer, krig, magt og forurening.

Mange mennesker og især lys arbejdere er klar over dette, mange har fået tildelt hvert et område i vores lille land, hvor der er brug for vores forskellige redskaber og kapacitet, vi skal på ingen måde konkurrere, men blive bevidst om vores vision og samarbejde for det højeste gode for alle.

Vi har hver vores plads i den store helhed.

Vi må alle blive bedre til at være tro mod os selv og ikke dunke os selv i hovedet fordi vi ikke gør som de andre. Eller andre har større viden på nogen områder, du har din egen visdom, din egen vej, som selvfølgelig kan gøres større og mere bevidst og brugbar.

Når vi respekterer os selv og hinanden for hvert sit lys med alle vores forskelligheder, bliver moderjord til en stor planet, fyldt med glæde og ligeværdigt samarbejde, og på et højere plan vil der ske store forvandlinger.

Transformationen er i fulde gang og der er ingen vej tilbage.

Lyt til dig selv og åben op for ligeværdigt samarbejde, med alle andre i din branche. Intet er forkert, måske er der bare en forskellighed som du skal lære noget af..

Pas på med lukkede grupper og firkantede regler omkring det eneste rigtige, dette vil bryde ned, da det ikke tjener det højeste gode. Det er tid til bevidsthedsændring.

Giv dig lov til at være fri til at dele, hvad du har på hjerte med andre, og vær åben for at tage imod det du kan bruge fra andre, det gælder os alle, om du arbejder med mennesker i sygehusvæsenet, alternativt eller i hvilken som helst branche.

I de spirituelle love er der ingen der er mere end andre. Vi må respekterer hinanden for det vi bidrager med hver i sær.
Vi samler alle lærdom og visdom.

Der er brug for os alle. Og jo mere du hjælper dig selv af med stress, negative tankemønstre og blokeringer, jo mere bevidst vil du blive og jo smukkere liv vil du skabe, og jo større lys vil du sende til moderjord og det vil smitte alle omkring dig.

Jeg tror på at lige meget hvad vi møder og opsøger på, vores vej, ligger der en visdom som kan hentes til vores visdomsbog.

Vi er godt på vej ind i en ny tid, vi ryder op, alt går igennem os, tidslinjerne står åbne, så det er bare med at rumme og favne det som går igennem, vi bliver udsat for indre billeder og husker tilbage på gamle ting eller oplevelser som måske ikke er healet helt op.

Vores bevidsthed bliver påvirket af indstrømninger fra universet, en støtte til en større hjertebevidsthed som gør, at vi må spørge ind efter svar i stedet for at lede efter det gennem hjernen, det vil sige at i fremtiden vil vi lytte ind efter visdom i stedet for at terpe efter viden gennem en bog.

Når dine bevidstheds ændringer træder i kraft vil du stille begynde at miste din hukommelse, din vibration stiger og det kan være svært at rumme megen snak, da du har brug for ro til at lytte efter svar fra dit indre. Dit hjerte.

Stil spørgsmål i dit indre og modtag dit svar, du er ikke dement men på vej til et smukkere sted.

Vær opmærksom på dig selv. Der vil starte en proces op hvor du må ændre vaner også spisevaner. Du falder ned i det tunge stof, hvis du drikker alkohol, tager medicin, for meget sukker, cola m.m. Vær blot opmærksom, når din krop bliver påvirket af det du indtager, vil du få svedeture.
Det er kroppens måde at rydde op på, din kære krop og sjæl er ved at forenes så du bedre kan lytte til dit hjerte. Dit hjerte, din frihed, dine visioner, din succes.

Her kommer så kraftdyrene ind i billedet, som viser sig for dig på mange måder, måske gennem et indre billede, i en meditation, en trommerejse eller i nattens drømme.

Husk altid at kraftdyrenes opførsel handler om et budskab til dig om en adfærd, et potentiale, et mønster, et talent, en kraft du har mistet som kommer hjem, eller dyrene kommer som vejviser til et nyt sted, dyrene hjælper os og vogter over os, bringer styrke og viser vej og viser dig dine evner.

Et kraftdyr er ikke et ydre væsen, det er en energi der opstår inden i dig, som i drømme, indre billeder, fornemmelser og syn.

Formålet med kraftdyret er at bringe en forståelse for dyrets egenskaber og en forståelse for, hvad der skal udvikles, trænes eller erkendes hos dig selv, for at du kan være og leve dit fulde potentiale.

Når du identificerer dig med et kraftdyr, flyder dets energi og kvaliteter stille og positivt ind i dit energisystem.

Kraftdyr giver deres kraft, til at støtte op om din energi, eller til at beskytte din energi. Dette sker ofte hvis du kører dig selv for hårdt og skal lære at lytte ind.

Kraftdyr fortæller også om hvad du består af, dine egenskaber og kraft og beskytter dig mod uønsket påvirkning.

Kraftdyr sender en helt speciel kraft til dig, når du kalder på det.
Dyret hjælper, hvor du har brug for hjælp.
Du kan bede dit kraftdyr om at justere din energi, når du er i ubalance.

Dit åndelige kraftdyr er dit personlige kraftdyr og følger dig hele livet. Mange andre kraftdyr kan komme til dig for at lære dig noget nyt. Nogle følger dig i perioder, nogle i lang tid og nogle i kort tid. Når dit kraftdyr kommer til dig så byd det velkommen.

På en shamanistisk rejse kan man opsøge sit kraftdyr. De fleste kraftdyr kommer altid stille og venligt, og nærmer sig som du kan rumme det, du kan spørge det: " Er du mit kraftdyr. Tillad det så at svare på en eller anden måde.

Hvis dyret viser frygt eller fare, så stil spørgsmål til den visdom dyret kommer med. Husk der er altid et budskab og det er vigtigt at blive gode venner med det dyr du tiltrækker. Mærk også efter hvad det vækker for følelser, som måske skal heales.

Hvordan kraftdyr kommunikere ?

Du kan modtage besked ved tankeoverførsel - telepatisk.

De kan tale til dig verbalt.

De kan overføre beskeder gennem billeder og indre film som i drømme.

De kan sende besked gennem symboler, som vi selv må tyde. Symboler kan være meget kraftfulde, og healende, så brug de symboler der kommer og lad dem tale til dig, ved at tegne dem eller lægge dem i et helligt redskab. Mærk ind hvad dette symbol gør ved dig, lær det at kende.

Symboler kan også være nøgler til dybe steder som har været lukket ned, som for eks. den frie urkraft og vildskab, det at være i balance med naturen i dig selv, leve efter din indre stemme, tale din sandhed.

Altså kan symboler være en hjælp til at heale gamle sår og voldsomme oplevelser fra gammel tid og liv.

Du kan modtage gode ideer, nye muligheder, eller støtte til at komme ud af en vanskelig situation, eller modtage hjælp til at slippe bekymringer.

Healing af sygdomme sammen med planter er også en must for kraftdyrene. Det at bekæmpe forstyrrelser i din krop, både fysisk. psykisk og mentalt, ved at lede dig til svar og information på det du har brug for. En fantastisk støtte og en beskyttelse mod fysisk overbelastning. De hjælper dig med at få øje på og forbedre dine relationer til dig selv og andre mennesker, øge din energi og din selvtillid.

Magiske Kraftdyr:

Er særlige hjælpedyr som ønsker at blive opgraderet og brugt til at hjælpe den ny tids børn i balance på alle planer.

Børnene på jorden nu har en kæmpe opgave til at vække systemerne, til at skabe rum til forskellighed og plads til den indre visdom. En visdom som alle nu kan hente i det indre, blot ved at lytte til intuitionen.

En skaberkraft med den smukkeste energi vi alle indeholder, og et overskud hvor man mærker sig frem og deler visdom i stedet for at køre et mentalt ræs efter en bog og viden udefra.

Hos mange børn, kommer dyrene til dem i drømme om natten. Støt dit barn med en snak om dyret og hjælp barnet med at blive gode venner med dyrene.

God rejse til en ny og bedre verden, en verden hvor der er plads til alle, ingen mangler noget, en verden i respekt, ligeværdighed og frihed til at være den du er.

Lad os alle sætte fokus på en bedre verden og det vil ske.

Alt er.

Vi starter med en lille historie fra de ældste.
Budskaberne vil poppe op mellem kraftdyrenes budskab.

Vindene hvisker en lille historie fra de ældste på himlen.

Drengen så meget ud som de andre børn i hans klasse.
Nye ansigter kom næsten dagligt fra fjerne steder, så det var ikke hans udseende, der gjorde ham anderledes.

Han havde altid prøvet at gøre sit bedste, men på en eller anden måde syntes han ikke at være i stand til at blive begejstret over de samme ting, som hans klassekammerater gjorde.

Dette år var ikke anderledes.
Men, som i de gamle dage, ville hans mor glæde ham meget, ved at tage ham ud af skolen for en tid.

Hun sendte ham afsted for at bo hos sin bedstefar, for at lære at lytte, tænke og lære af livets visdom.

Bedstefar ville lære ham at ære vinden, træet og jorden.
Bedstefar taler om ørnen, hvalen, ravnen og ulven.

Af alle de historier, som hans bedstefar fortalte, fangede ingen hans hjerte mere end historierne om de Gamle - De Ældste.

Og da historierne langsomt blev mere og mere en del af ham, begyndte han at se dem. Lige der ved kysten på den lyserøde himmel en tidlig aften, de ældste dukkede op som billeder i luften, op mod solen.

Deres Læber var stille, dog hørte han dem tale og give deres budskab. Ligesom ordene fra hans bedstefar var visdommen helt klar og sand.

Et budskab, som havde stået stille, et budskab der var gået alt for længe uden at blive videregivet til andre hjerter.

Drengen voksede op. Ham og hans bedstefar begyndte at dele de ældstes ord med alle dem, der brød sig om at lytte, med alle dem, der overhovedet bekymrede sig.

Abe - fælleskab - leg - nysgerrig - lyd

Hvis du møder en abe i drømme, kan aben undervise dig i at leve i harmoni og et harmonisk fællesskab. Den vil så gerne hjælpe os med at leve helt enkelt i glæde og at acceptere os selv. Som medicin hjælper aben dig med at gøre livet til en leg, at huske at være nysgerrig, og aben er rigtig god til at udtrykke sig selv og ikke bekymre sig over hvad andre siger.
Samtidig har aben en kraftfuld lyd som går helt dybt ned og vækker urkraften når den kalder livets eventyr i træerne.
Måske er det tid til at gøre livet mere enkelt.

Bekræftelser:

Jeg ligger ordet harmoni helt ind i mine lunger og trækker vejret i kærlighed fra nu af og altid.
Jeg respekterer mig selv og mine ideer og glæder mig til at fortælle verden om det jeg vil elske at leve.
Jeg åbner min urkraft og sætter min stemme fri.
Mit liv er et legende eventyr.

Bjørnen - helbredende - guddommelighed - usårlighed

Bjørnen har symboliseret guddommelighed og helbredelse i mange kulturer.
Aimu - befolkningen på den nordlige ø i Japan troede, at bjørnen var en bjerg gud. I Indien menes bjørne at forhindre sygdom. Børn måtte ride på en bjørns ryg for at undgå sygdom, og blandt de finske urkrafter af folk har bjørnen været meget fremtrædende.

Som de fleste ved har de indfødte amerikanske folk, betragtet bjørnen som en åndelig hjælper.

Den Store Bjørn er fundet på næsten alle kontinenter, i næsten alle farver. Bjørnen er ekstremt kraftfuld omkring helbredelse og omfavnelse, for dig selv og andre. Ligesom bjørnen, har du ubegrænset styrke. Du er en guide for andre på livets vej.

Bjørnen lære os at bringe drømme til virkelighed. Den har tendens til at bevæge sig langsomt, den lærer os om det naturlige tempo, og beder dig om at giver dig god tid, når du søger efter indre visdom, kald på bjørnen og bed om råd hvis du er i gang med nye kreative muligheder.

Bjørnen vil vise vej, måske viser den dig dit mønster ud af hverdagens stress og hvordan du favner dig selv i stilhed midt i kaos og forvirring.

Bjørnen beder dig lære din indre styrke at kende. At se indad og opdage, at vi selv indeholder alle svarene på vores spørgsmål i vores hjerter. Opdag at du er en healer.

Bjørnens visdom er stor, den indeholder alle kraftdyrs kraft og viser vejen til at blive mere og mere vis og favnende med livet. I indianerstammer laver man smykker af bjørnen, som kun må bæres af af vise bedstemødre, til videregivelse af visdom i ceremonier.

Bjørne Kraft - Vores indre kraft

Bjørnens første budskab er ofte at du måske skal lære at sætte grænser og skabe plads til din egen kraft og visdom og lytte ind. En kraft, vi har tendens til at give væk, hvis vi ikke føler os rigtig til at være den, vi virkelig er.
En gammel samisk myte fortæller:
At kvinden, der tilbringer en vinter med sin egen bjørn, ikke længere kan skræmmes! Det gælder nok for begge køn!
Bjørnen minder os om, hvem vi er og hvor vi kommer fra.

Bekræftelser:

Jeg siger ja til mig selv og min kraft som healer.
Jeg beder bjørnen om hjælp til at heale min kraft.
Jeg favner og respektere mig selv og min visdom.
Jeg er den jeg er og jeg deler ud af mit hjertes visdom.

Bøffel - bøn - overflod - taknemlighed

Bøffel viser os, at sand velstand kommer når vi er taknemmelige for hvad vi har, og når vi lever i harmoni og kærlighed med alle andre væsener.

Bøflen beder dig stoppe med at være bange for din økonomi.
Vi kommer fra verdener forfædre/mødre der var meget fattige og skabte begrænsende regler omkring økonomi.
I den ny tid er der rigeligt til alle, når vi åbner op for taknemmeligheden og sætter fokus på det vi drømmer om.

Økonomien er også en energi nøjagtigt som alt andet.
Tag imod.

Bekræftelse:
Jeg slipper min begrænsning og tager imod.
Jeg har fortjent alt i overflod.

White Buffalo Calf Woman, sidst set af Lakota-folket, da hun transformerede sig ind i en snehvid bisonkalv, inden den forsvandt ind i den nedgående sol.

Hun lovede at vende tilbage i hver generation og lede Jordens folk mod fred og visdom.

I en tid med stort skift og transformation, vil hun forkynde og vise vejen til en ny og oplyst verden.

Siden da er de enorme flokke af bisonokser, der engang levede i overflod i Nordamerika, næste sluppet op, forfulgt til næsten udryddelse af de knivskarpe pile og utrættelige rifler fra jægere fra det 19. århundrede.

Det smukke dyr blev reduceret til kun 500 dyr, og chancerne for, at en hvid kalv blev født, blev meget lille.

Profetien siger at kommer den hvide Bison, er det tid til at støtte dig selv og moder jord ind i en ny og oplyst verden, en højere hjertebevidsthed fødes i dig og på jorden. Alle vil begynde at vågne spirituelt.

De hvide dyr er nu begyndt at lande på jorden igen.

Bison - kraften til at gå den direkte vej - overflod

Bison er også et overflods dyr. Bison har været en kilde til mad, tøj, værktøj og varme skind til de rejsende indianere når de rejste fra sted til sted med deres tipier. Tipi betyder helligt hus og når den store okse kom og ofrede sig, ville folket overleve den kolde vinter. På det grundlag blev bison oksen også et meget respekteret og helligt dyr.

Når bisonoksen kommer til dig i tiden nu, vil du aldrig komme til at mangle noget eller lide nød, ræk ud og tag imod og vær med til at lære andre at slippe det gamle fattigdoms syndrom.

Vi lever nu i en tid hvor alle har mulighed for at leve i overflod og der er rigeligt til alle på moder jord.

Ingen behøver længere at kæmpe og knokle for føden som den gamle skole lærte os.

Din overskudsenergi vil tiltrække alt det du drømmer om.

Mediter, fyld dig selv op og se alt på moder jord i fred, glæde, overflod og masser kærlighed og du bliver en støtte til at løfte planeten til et bedre sted for alt levende.

Bisonmennesker er sociale. Som bisonen er et flokdyr og andres bekymringer vil aldrig være dig ligegyldige.

Bison siger:
Vi må lære flokken, at de selv kan tage et ansvar for det som sker i det indre. Lær at samle visdom og gå direkte. Efter det der kalder på dig. Det er din ret på moder jord.

Spirituelt er du et menneske med god kontakt til universet og med en sund jordforbindelse.

Skyggesider kan være:
Måske er du bange for at miste ?
Måske hænger du fast i gammel tankegang?
Måske er du handlingslammet ?

Bekræftelser.
Jeg rækker ud og tager imod.
Jeg er taknemmelig for det dagen har til mig.
Jeg lever i fred, glæde, overflod og masser af kærlighed.
Jeg går den direkte vej til målet.

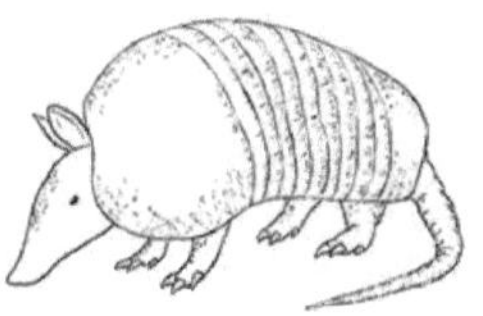

Bæltedyret - følelsesmæssige og fysiske grænser

Bæltedyret kan rulle sig sammen som en bold, den er altid rustet til modangreb, og klar til at beskytte sig selv - den vil vise dig hvordan du bliver bevidst omkring dine egne følelsesmæssige og fysiske grænser.

Skyggesider:
Måske går du i forsvar når nogen taler til dig.
Måske er nogen gået over dine grænser som barn.

Bekræftelser:
Jeg beder om hjælp til at heale de gamle sår.
Jeg åbner mit hjerte.
Jeg finder mine naturlige grænser.
Jeg siger ja til mig selv.
Jeg åbner stille op bæltedyret beskytter mig.

Besked fra de ældste:

Bliv ikke frustreret af mennesker eller situationer
Begge er magtesløse uden din reaktion

Bæver - at bygge bro - samarbejde

Disse smukke dyr samarbejder for at bygge deres hjem og huler. deres medicin lærer os og minder os om, at vi kan skabe, mest effektivt, når alle involverede værdsætter hinandens særlige talent og arbejder sammen i harmoni, derved bliver alting lettere.

Måske er du træt fordi du har knoklet alene med alting, ikke lært at række ud og spørge om hjælp. Det er tid til at komme igang igen. Fyld dig selv op, ræk ud og bed om hjælp så vil støtten komme. Kald bæveren og lad dens kraft støtte dig i dit nye projekt. Kald på bæveren når du har brug for hjælp til at skabe flytte eller bygge bro til noget større og lettere. Prioriter det som er bedst for dig, gå igang og lad livet vise dig vejen.

Bekræftelser:
Jeg respekterer, min egen energi og fylder mig selv op
Jeg beder om hjælp hver dag, både til det fysiske og psykiske.
Jeg skaber lethed i mit liv.

Drage - transformation - venteposition
Dragens kraft ligger i øst og støtter op for at skabe en ny og bedre verden, den fremstår som et nyt forvandlet væsen der lige er sat fri til at skabe. Er du drageridder, er du en spirituel kærligheds kriger som tager ansvar og udlever de dybeste drømme og visioner.

Dragen sender dig kraft, vilje, mod og evnen til at nå målet for det højeste gode for dig og moder jord. Træd frem i tillid og brug dit hjertets kraft.

Dragen kommer med velstand, indvielse og bevidsthedsændring til en højere hjertebevidsthed. Træd frem stå fast i din egen sandhed og tag din opgave for moder jord. Dit liv starter et nyt kapitel.

Dragen har ventet længe på at få lov til at støtte din rejse.

Bekræftelse:
Jeg skaber en ny og bedre verden i mig og på jorden
Jeg udlever mine dybeste drømme
Jeg lytter til min indre kriger og samarbejder i tillid.

Dådyr - nænsomhed - ubetinget kærlighed

Dådyr er en drøvtygger, der tilhører hjortefamilien. Dådyret ligner på mange punkter kronhjorten, men det er mere nøjsomt og mindre sky. Dådyret er derfor nemt at tæmme.
Når dådyret kommer til dig handler det om ubetinget kærlighed, Det at gå vejen mod ubetinget kærlighed til dig selv og andre. Kun kærlighed kan opløse de skygger, der har lagt sig på vores hjerte, som forhindrer os i at gå med åbent hjerte.

Mærk blot hvordan du åbner dit hjerte når du møder dådyrfamilien. De beder dig om at favne og tilgive, så du kan trække din himmel ned på jorden, og leve dit liv i ubetinget kærlighed.

Bekræftelse:
Jeg favner de gamle sår i mig med blidhed.
Jeg tilgiver og kalder min kraft hjem.
Jeg åbner mit hjerte for ubetinget kærlighed
Jeg elsker mig selv, Jeg elsker mig selv, jeg elsker mig selv.

Delfin - evne til at genoplive sin kraft - sand kommunikation

Delfinen lærer os, at ved at stille ind på rytmer og lyde i naturen, kan vi lære at kommunikere med alt der er, og dele denne visdom med andre.

Delfinen vækker følelser af leg og lethed, og lære dig at lytte til din intuition. Kommer der udfordringer eller bliver livet tungt, så er du måske kommet væk fra dig selv?

Du må transformere og se på nye muligheder, der er kun et at gøre at lytte ind, her finder du dine svar.
Leg med nye ideer. Det vil give dig ny energi, til at acceptere dig selv og din indre rejse til at samle visdom.
Rens de gamle følelser. Se de gode ting i livet og gå efter dem.

Delfinen siger:
Husk du har kontakt til det som er større end os.

Bekræftelser:
Jeg lytter til naturens stemme og lethed i mig.
Jeg lytter ind og samler min visdom i glæde.
Mit liv er en leg - Jeg er nysgerrig

Besked fra en delfin

Du har en legende ånd
Vær nysgerrig
Find nogen at klikke med
Find nye ideer frem
Glid let gennem dagen
Find dit livsformål
Hop af glæde..

Edderkop - væver og samler livets tråde
Som edderkoppen væver sit spind, sådan væver vi vores virkelighed. Edderkoppen lærer os at huske på at vi selv skaber vores liv.

Edderkoppen repræsentere den kreative kraft, som er en guddommelig gave til at skabe og altid være i stand til at finde alternative løsninger. Lad dig ikke begrænse af det umulige, som mange mennesker gør.

Mange mennesker er bange for edderkopper. I psykologien handler det om utilregnelighed, måske har du ikke kunnet stole på dine omgivelsers reaktioner.

Bekræftelser:
Jeg prioritere min kreative kraft, og lytter ind.
Jeg er skaberen i mit liv, jeg udlever mine drømme.
Intet er umuligt.
Jeg vælger at stole på mig selv.
Jeg er min historie.

En af Edderkoppens historier

Edderkop vævede nettet, der bragte mennesket det første billede af alfabetet. Bogstaverne var en del af vinklerne i Edderkoppens net.

Dådyret kom forbi Edderkoppen og spurgte hvad hun vævede, og hvorfor alle linjerne i hendes net lignede symboler. Edderkoppen svarede: "Fordi kære dådyr, at det er tid til at Jordens børn skal lærer at samle deres visdom og forstå deres udvikling, i deres vandring på Jorden".

Dådyret sagde til Edderkoppen, "Men de har da allerede billeder, der viser historier om deres erfaringer, gennem symboler."

"Ja," sagde Edderkoppen, "Men Jordens børn vokser sig mere komplekse, og deres fremtidige generationer skal kende historien og lære mere. Dem der kommer, vil ikke huske, hvordan man læser hulemalerier."

Sådan gik det til at Hun edderkoppen vævede det første oprindelige alfabet. hun vævede drømmen om verden, og den blev manifesteret.

Edderkoppens krop er lavet som et ottetal, der består af to dele der er forbundet i taljen og har otte ben. Edderkoppen er symbolet for de uendelige muligheder for skabelse.

Hendes otte ben repræsenterer forandringens fire vinde og de fire retninger i medicin hjulet.

Edderkoppen væver skæbnens vej for dem, der bliver fanget i hendes net og bliver hendes middagsmad.

Dette svarer til mennesker, som bliver fanget i nettet af illusioner, i den fysiske verden, og aldrig ser ud over horisonten, og ind i andre dimensioner.

Skæbnens net repræsenterer også et livshjul, som ikke omfatter nogen alternativer eller løsninger. Det er typisk menneskeligt, at blive fanget i polariteten af god eller dårlig skæbne, uden at indse, at vi alle kan ændre vores skæbne til enhver tid.
Hvis vi ikke er bestemte nok med at ændre vores retning i livet, kan vi ende med at blive opslugt af vores frygt og begrænsninger.

Edderkoppen er den feminine energi af den kreative kraft, der væver de smukke designs af livet. Hendes net har hundredvis af indviklede mønstre, der fanger morgenduggen.

Når Edderkoppen viser sig kan det være fordi hun vil opfordre dig til at skabe og drømme stort!

Edderkoppen kan bringe dig budskaber, når du er igang med at væve dine livsplaner. Den beder dig om at se og mærke ind i muligheder som du måske har set men ikke lyttet til endnu.

Måske har noget du har vævet på, båret frugt.
Budskabet er også at du hele livet vil være kreativ og fortsætte med at væve livsmønstre og samle dine sjæls tråde af visdom, for at lyse mere og mere i dig selv.

Hvad er liv ?

Det er glimtet fra en ildflue i natten
Det er åndedraget fra de store dyr ved vintertide
Det er den lille skygge, der løber hen over græsset og fortaber sig i solnedgangen

Blackfoot chief

Egern - overbevisninger - kontrol - samler

Dette skønne kraftdyr lærer os at skille os af med unødvendig kontrol og fysiske genstande som ikke tjener os længere, men også negative overbevisninger som begrænser vores tillid til kærlighed og overflod.
Egernet bærer kraften af lethed og ynde og samler det der er brug for til vinterens hvile. Egernet er en god forsørger og viser retning i livet.

Egernet er god til at gå ud og få et overblik over livets opgaver. Så snart der er struktur på opgaverne giver det slip og kommer ind i nuet og naturens flow igen.

Skyggeside:
Måske planlægger du igen og igen og glemmer at være dig.

Bekræftelser:

Jeg slipper kontrollen, går ud for at se hvad livet har til mig.
Jeg har tillid til kærligheden.
Jeg slipper overbevisninger skabt af fortiden, jeg har fortjent kærlighed og overflod.
Der hvor livet er tungt skaber jeg forandringens lethed.

Elefant - forpligtelse - bevidsthed - lederskab

Elefanter kan lære os, kraften i mildhed, forpligtelse og kommunikation. Flokken bruger lederskab der både er mild og opmærksom.
Elefanternes evne til at kommunikere telepatisk kan lære os hvordan vi virkelig lytter til os selv og til andre.

Elefanten husker alt og er lige nu din vejviser.
Går du i en proces hvor din hukommelse driller, så kald på elefanten. Den vil hjælpe dig med at huske og lytte ind i hjertet for at hente din visdom, i stedet for i din viden som ligger i hjernen. Og derigennem vil din hukommelse blive mere og mere stille og din intuition blive kraftfuld blot du lytter og spørg ind.

Og så må vi huske at elefanten er det mest hellige dyr i legender, og højt ærede i Indien og Asien, hvor Elefanten æres for at være royal og for deres frugtbarhed.

Eller æret som Ganasha, Hinduernes Gud som vises med menneske krop og Elefanthoved. Et tydeligt tegn på at lade visdommen komme indefra og slippe Egoet.

Råd:
Bliv ikke bekymret over at din hukommelse svigter, eller at du ikke kan finde ordene. Tiden er inde til store bevidstheds skift, fra Ego til hjerte.
Gå blot med tillid til at jo flere der lære denne kunst, jo smukkere en verden skaber vi.

Bekræftelse:
Jeg har tillid til min proces, jeg er støttet og beskyttet.
Jeg har den visdom jeg skal bruge i det indre.
Jeg er stille og lytter ind når jeg skal kommunikere.
Min visdom kommer inde fra.

Elg - udholdenhed - selvtillid

Elgen er stolt og brøler sit selvværd ud i parrings sæsonen for at tiltrække hunner.
Elgen tør vise sin kraft og selvtillid.
Med Elgens kraft ved du hvornår du skal være blid og nænsom, og hvornår det er din styrke, der er behov for.

Denne kæmpe, lærer os om den bedste måde at bruge vores energi på. Den hjælper os til ikke at påtage os mere end nødvendigt, og til at være udholdende nok til at nå de mål vi har sat os.

Fokus på målet, det er ofte den mest spændende vej, vejen til målet. Fokus på dine skridt. Et for et, må vi gå vores egen vej og følge hjertet.
Elgen vandre ofte alene, uden at være alene, Elgen ved at den kan gå ud af alenheden. Hvis den ønsker det og stille trække sig tilbage når der igen er brug for det.

Det samme kan du.

Elgen sender dig kraft og støtte.
Du må være flittig og sætte fokus.
Blot en vigtig ting: du må forstå balancen mellem at give ordrer og selv gøre arbejdet. Måske er det tid til samarbejde.

Elge-power er visdom fra mange liv. En visdom som er værd at dele ud af til næste generation.

Råd:
Husk dit selvværd giver respekt
Du behøver ikke at forsvarer dig selv.
Smid kontrollen og stå stærkt sammen med Elgen
Bliv bevidst om din fortids begrænsende mønstre.

Bekræftelser:
Jeg står fast på mit mål, rækker ud og tager imod.
Jeg kalder min kraft af selvværd hjem.
Jeg er den jeg er.
Jeg kan, jeg vil og jeg gør det.

Flodhest - dybder - rodfæstelse

I tiden nu, må vi dykke dybt ned og forløse og rense de følelsesmæssige dybder, for at blive sat fri af alverdens gammelt pludder mudder, som ikke længere kan bruges til noget. Moder jord skifter energi og det samme har du mulighed for.

Flodhesten er et helligt dyr både i Ægypten og i Afrika. lad dig rense sammen med flodhesten i vandelementet.

Dette store magiske dyr kan guide os til at blive rodfæstet i os selv, så vi kan se os selv i øjnene og forløse indre følelsesmæssige processer.

Flodhesten har et ekstremt temperament, og kan være det farligste pattedyr. især når flodhesten har unger, bliver den meget aggressiv. Så kom ikke for tæt på en vred flodhest, den kan eksplodere som en bombe.

Flodhestens Skyggeside:

Måske har du spist noget gammel vrede? pas godt på bægeret ikke flyder over. Gå ud i naturen og giv din vrede til moder jord, bed flodhesten og vandelementet om hjælp.
Måske en Havtromme kan løsne knuden i maven.

Bekræftelser:
Jeg slipper Min vrede så jeg kan omfavne medfølelsen.
Jeg slipper gamle bindinger.
Jeg Sætter mig selv fri, til ny begyndelse.
Jeg ser mig selv i øjnene, og slår rødder fra mine egne dybder.
Jeg er ikke mine følelser - Jeg er kærligheden.

Ulv - visdom - misforståelser

Ulven suger visdom til sig, den forbinder sig. Og hyler op mod månen for at hente ny visdom.
Ulven hjælper os med at skabe kontakt til det vi har brug for, og til at sætte sunde og kærlige grænser op, ved at stå ved sig selv. Og den støtter op omkring det at turde skabe enhed med andre mennesker. Når vi er for seriøse omkring livet, kan Ulven komme forbi og lære os at grine lidt af os selv.
Den er også en karmisk håndhæver der minder os om, at hvad vi gør mod andre vil blive gjort mod os selv.
Ulven er et misforstået dyr som med sin visdom sparer på sin energi, og giver ikke videre af sin visdom før menneskene er klar til at lytte. først da kan misforståelserne opløses og så skal visdommen deles.
Ulven er en kraftfuld healer og dens sanser er fabelagtige.
Ulven samarbejder med mange opstegne mestre som sender energi til dig, så du kan manifestere alt hvad der er bedst for dig og Moder Jord.

Ulven opløser misforståelser med stor visdom
At forstå sig selv er det vigtigste siger den. er der nogen steder du ikke føler dig forstået, så giv blot slip. Måske er du et sted, hvor andre ikke har indblik endnu, spar din energi til tiden er inde.

Lev og bliv dig.
Hvis du er modig, vil du begynde den spiralrejse, der tager dig ind i dig selv og blandt stjernerne på samme tid + du vil finde din hjerte vej og se den blomstre under dine fødder med hvert nye skridt.

Husk du er magiker som ulven.
Som en ulv om natten, til duften af dig selv, følger du Månens sti og finder vej hjem i din kraft.

Bekræftelse:
Jeg ære min visdom.
Jeg sparer min energi og lytter selv.
Jeg giver slip på misforståelser.

Visdoms ord

Glem ikke:
At hver eneste dag, der vågner, er en hellig begivenhed. For lyset bliver sent til os fra “WAKAN-TANKA" Den store ånd. Og husk at alle tobenede folk der STÅR på denne jord er hellige, og bør behandles som så.

Besked fra de ældste

Du lovede, at du ville passe på træerne,
bjergene, havet og himlen.

For de ældste er disse ting livets essens.
Uden dem vil et folk dø.

Vaskebjørn - skyggesider og masker

Selvom vaskebjørnens maske almindeligvis forbindes med dens bandit adfærd, har masken en dybere mening som lærer os, at ingen af os er helt som vi selv tror.

Vaskebjørnen hjælper os med at slippe de mange roller vi spiller. Vaskebjørnen har faktisk et ry som en lille tyv, fordi den har evner til at skaffe sig adgang alle vegne.

Den lille fyr åbner op også i lukkede rum. Måske den kan hjælpe dig med at give slip på korrekthed, og for at passe på dit rygte, Spring ud af det lukkede rum og sæt dig selv fri.

Lige nu når Vaskebjørnen kommer til dig, har du Vaskebjørnens kraft og charme.
Du har nu mulighed for at lære at spille med åbne kort i forhold til andre mennesker.
Du vil begynde at tiltrække sjælevenner også af det modsatte køn.

Vaskebjørne Visdom:

Værn om dig selv og dit guddommelige rygte og charme.
Udover charme har vaskebjørnen også evnen til at sætte markante grænser for, hvad den vil være med til.
Og vaskebjørnen har et hidsigt temperament, uden at være flov over det.

Råd:

Opløs de gamle normer og holdninger.
Vær dig selv
Glæd dig over dit væsen og din visdom, både når du er charmetrold og når du er hidsig.
Smid masken, du har ikke længere brug for den.

Bekræftelser:
Jeg giver slip på hvad andre tænker.
Jeg træder frem som den jeg er.
Jeg reagere som min krop og følelser har brug for det
Jeg er fri - Jeg er mig.
Jeg tager imod dybere venskaber.

Løven - mod - nå dit mål - tag dit lederskab

Mod kommer fra hjertet, fra den dybeste sans i dig selv. modet fra Løven kan gøre dig i stand til at handle i et med din sjæl.

Et menneske, der handler direkte fra hjertet, har store evner for lederskab og de skaber den succes der fremelsker andres evner, at fremelske andres evner så de selv kan tage ansvar for egne valg og følge deres egen sjæls bestemmelse, er den største gave man kan give videre.

Tag imod løvens kraft og evne til at være modig, stå stærkt i dig selv. Tag imod Støtten til at gå dybt og kontakte din spiritualitet, din sjæl, bed om hjælp til at opløse den frygt som står i vejen for at du kan træde frem.

Kald Løvens mod og hvilen i sig selv, en kraftfuld støtte til at arbejde med dit selvværd, og støtte til dit leder skab.

Løven spørger, hvad er dit mål ?

Visualiser dit mål og giv det til Løven. Den vil hjælpe dig frem og opnå din succes skridt for skridt.

Gå blot ind i din spirit, dit indre, dit hjerte, visualiser og se dig selv nå dit mål. mærk hvad det gør ved dig og du har nu manifesteret målet.

Råd.
Du må finde ind i dine dybe sanser og følges med din sjæl.
Husk at fylde dig selv op med energi og taknemmelighed dybt fra hjertet, når du skaber og manifesterer din rejse mod målet.
Melder frygten sig? Træk vejret i kærligheden og pust kærlighed på frygten, så den opløses.
Lad ikke frygten stoppe dig, gå igennem og miraklerne sker.

Hvad er succes for dig?

Bekræftelser:
Jeg er stærk, smuk, modig og kraftfuld
Jeg har fortjent min succes
Jeg hviler i mig selv
Jeg træder frem og tager mit lederskab
Jeg hviler i mig selv

Krokodille - alligator - risici - manipulation

Er vandvæsner, som foretrækker at leve i sumpet land.
De står for frugtsommelighed, og det feminine princip om liv og fødsel. Fødslen af noget nyt.

De er ofte blevet sammenlignet med drager, som optræder i myter og legender som listige vogtere af skatte og vogtere af visdomshistorier.

De mennesker, der møder disse krybdyr i det indre, står ofte i nye muligheder, men muligheder der altid indebærer betydelige risici og mod.

Som mange krybdyr, fremstår krokodillen som klog, truende og noget sløv. Krokodillen kender også alt til manipulation og hjælper dig med at modtage visdommen fra udefrakommen manipulation, men den beder dig også om, at se ind i de steder, hvor du manipulere med dig selv eller andre.

Krokodillen siger:
Tillader du nogen at (bruge) manipulere med din energi ?
Noget gammelt er udtjent, karma?
Tør du gå med krokodillen ud for at skabe ny visdom? og historie. Krokodillen vogter din skat. der er stor belønning for at tage nye skridt.

Besked fra de ældste:

Lad ikke det grimme i andre
ødelægge skønheden i dig

Pumaen - stolthed - skaberkraft

Hjælper dig med at skabe det liv du drømmer om.

Lærer dig at være stolt af dig selv og din skaberkraft, så du kan blive en ægte leder.

Pumaen har ingen frygt for ansvar, eller lader sig slå ud af gift som jalousi og usikkerhed fra andre.

Pumaen er god til at sige fra, hvis nogen forsøger på at aflede den fra sin udviklingsvej.

Pumaen siger:

Gå efter et stærkt og ægte lederskab, et lederskab. Der tjener for det højeste gode til alt levende er en nødvendighed i den ny tid. Kraftfuldt lederskab direkte fra dit hjertets sandhed med respekt for andre mennesker og dyr.

I Peru er Pumaen stærkt hellig, man ære dens kraft og lederskab.

Pumaen som hjælper:
Husk at bevare roen i dig selv så du ikke mister overblikket.
Påtag dig ikke flere opgaver end du har energi til..
Stol på dig selv og opdag at andre også stoler på dig.
Husk at trække dit klarsyn hjem og fyld dig selv op inden næste opgave.

Vigtig lektie:
Påtag dig ikke ansvar for andre, men lær andre at følge deres egen sjæl.

Bekræftelse:
Jeg respekterer mig selv.
Jeg er den fødte leder.
Jeg ære min kraft.

Besked fra de ældste

De bad mig fortælle dig, at de tror på dig,
Når du i det indre gerne vil tage stilling og træde frem.
De tror på din rejse hjem i naturen i dig.
De troede, du respekterede dig selv og naturen.

Besked fra de ældste

De bad mig fortælle dig, at tiden er inde
De ønsker du skal vide, hvad de føler
Så lyt godt efter, se mod solen
De ældste ser på dig med kærlige øjne.

Jaguar - din egen vej - kraftfuld magi

Jaguaren har brug for at trække sig tilbage. at være alene, for at mærke ind og lade op og gøre sig klar til tålmodigt at jage sit bytte.

Når Jaguaren er klar til magi, slår den til med lynets hast. Derfor er det vigtigt at vide, hvornår det er bedst at vandre alene for at forfølge ens drømme.

Jaguaren symboliserer også en opvågning af energier og indre kraft, der kan føre til helbredelse og opfyldelse af drømme. Du opdager, at du skal være fyldt op med energi ellers sker der ingen ting.

Sammen med andre dyr i fortiden blev Jaguaren indrammet i en cirkel med fire punkter, som dannede en mandela, et mystisk cirkulært symbol, der i buddhistiske og hinduistiske traditioner blev brugt som hjælp til meditation.

Jaguarens budskab:

Psykologen Carl G.Jung sagde, at mandalaens budskab var et helligt sted og var symbol på fuldstændighed i den indre psyke og var et hjælpemiddel til større selvbevidsthed.
Han beskrev mandalaens fire punkter som krydsende tråde i vores forståelse.

Bekræftelser:
Jeg trækker mig tilbage og mediterer.
Jeg lader op inden jeg handler.
Jeg skaber magi gennem min egen energi.
Jeg når målet med lethed og hurtighed.

Rotte - aktiv og intelligent
Hurtig til at se mulighederne

Rottens positive egenskaber:
Rotten, symboliserer charme, omgængelig, snarrådig, fleksibel, intelligent, fantasifuld, energisk, skarpsindig og omsorgsfuld.

Rottens negative egenskaber:
Beregnende, impulsiv, egoistisk, naiv, manipulerende, overdrevent ambitiøs, kan være særdeles grådig.

Karaktertræk:
Har du Rottens kraft er du yderst intuitiv.
I virkeligheden er rotten i besiddelse af telepati.
De er meget opfindsomme og kreative.

Rotter er dristige, de har en tendens til at være jaloux, især i kærlighedaffærer.
Rottens kraft er charmerende, men har også let ved at
blive vred, og kan af og til være ret trættende for de personer, de færdes iblandt.

Rottens Siger:

Du er aktiv og intelligent, hurtig til at se nye mulighederne i en opstået situation.

I uventede situationer, er du meget skarpsindig og i stand til hurtigt at træffe beslutninger. Mens andre stille overveje hvad de skal gøre, er du en problemløser og har allerede fundet en udvej.
Lider du af nogen former for jalousi er det vigtigt, at du lære dine kvaliteter at kende.

Bekræftelse:

Der er altid en ny mulighed.
Jeg er og tillader andre at være som de er.
Der findes ingen problemer kun udfordringer.
Jeg spørg ind og åbner mine intuitive evne.
Jeg er stolt af mig selv.

Firben - Respekt for dine drømme

Det er tid til at lære af drømmenes betydning
Firben lærer os, at det er vigtigt at respektere og huske vores drømme.

Firbenets kraft ligger på det bevidsthedsniveau hvor dine drømme vågner.
Kraften findes ikke i dagdrømmeri, kun hvis drømmen forfølger dig, Gør den det er det vigtigt at du lytter til drømmens budskab.

Drømmene hjælper dig med at forstå din frygt, dine håb og ønsker, og kommer med hjælpende budskaber hvis der er udfordringer i livet.

Når du modtager firbenets kraft, får du mulighed i drømmen at se ind i fremtiden. Mærk ind i det der bliver sendt til dig og du vil forstå budskabet.

Har du svært ved at huske budskabet, så kom en grøn jade ind i din hovedpude, og bed om hjælp til at huske, så sker der noget.

Du kan gøre klar med blyant og papir, så du kan skrive din drøm ned så snart du vågner.

Firbenets hale falder af hvis nogen forsøger at holde den fast, og den er væk i en fart.

Det samme sker for dig, hvis nogen prøver at holde dig fast i en bestemt personlighed, da bliver de ladt tilbage i deres egen illusion.

Råd:

Husk, at hvis andre kun kan se enkelte sider af dig, så giv slip, dette er ikke dit problem. Få ikke mareridt over deres bedømmelser og fordømmelser.

Bekræftelser:

Jeg lytter og mærker mine drømme.
Jeg manifesterer gennem mine drømme.
Jeg udlever mine drømme.

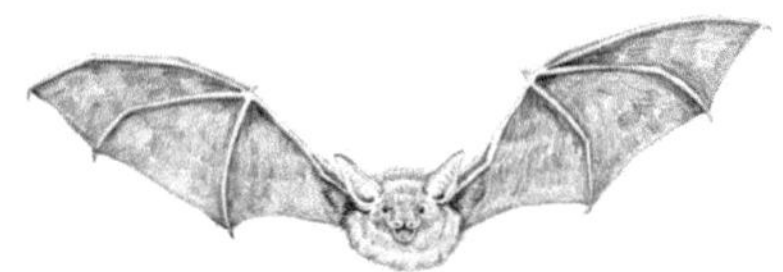

Flagermus - genfødsel - se igennem mørket

Flagermusen har fået lagt mange myter på sine skuldre. Når den kommer til dig, vil den lære dig om genfødsel, om det at starte på en frisk, at give slip på noget og gå ud i noget spændende nyt.

Noget skal ryddes op i dybet og slippes for at du kan komme videre, du ser det tydeligt i mørket. Vigtigt at du gør noget nu med det du vil transformere, altså hvis du ikke vil følges med det resten af livet.

Sammen med flagremusen har du evnen og kraften til at gå nye veje, også selv om det kan være svært at se igennem kaos på fødselsgangen, vejen ud i et helt nyt kapitel.

Giv plads til noget nyt og noget frugtbart også selvom det handler om noget som har været godt, men som der bare ikke er energi på længere.

Shaman lærlinge kender rejsen og gennemgår en rituel død, hvor de ser deres frygt i øjnene og genfødes uden deres gamle identitet.

Flagermusens kraft lærer os at frigøre os fra ethvert mønster, som ikke længere passer ind i vores udvikling, og sørger for du kommer et godt sted hen.

Råd fra Flagermusen:

Tag imod beskeden og mærk efter hvor du trænger til fornyelse. Eller hvor der er noget der skal forløses i det indre.

Noget nyt, større og bedre er på vej.
Denne genfødsel er din gave fra flagermusen, en hjælp og evne til altid at kunne komme videre.

Du er skaberen af dit frie liv og din alder er underordnet. Du har evnen til at lade dig inspirere af livet omkring dig.
HUSK: Du har kraften til at ændre ting, og dit liv.

Bekræftelse:

Jeg omfavner livet på ny.
Jeg mærker mig frem på min nye vej.
Tid til nye skridt ud i letheden.
Jeg ser igennem mørket og tager imod det som kommer.
Jeg healer og forløser min frygt på fremtiden.

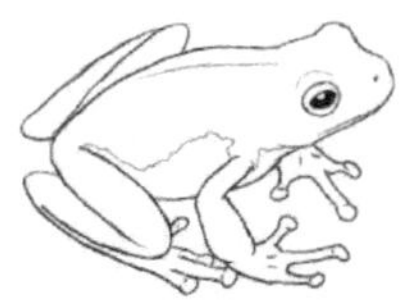

Frø - fornyelse - forvandling

Frøen er vandets væsen og er blevet forbundet med nyt liv.
I Egypten blev de anbragt på mumier for at lette genfødslen.
Overfloden af frøer på den årlige udklækning af frøer, ærede man og så det som frugtbarhed på alle planer.

I Sydamerika anså Orinoco-folket frøen for at være herre over vandet - et feminint symbol.
Blandt indfødte amerikanere er frøen blevet forbundet med månen, som også er et feminint symbol. En historie fortæller om en frø, der hopper ind på månen, hvor den hersker i evigheden.

Frøen kan hjælpe os med at udfolde og vække vores egen selvhelbredende kraft og evner til at heale os selv på alle planer.

Frøen kan hjælpe os med at blive renset som vand renser jorden, og giver nyt liv.
Sådan kan frøen også hjælpe med at vaske enhver fysisk og mental energi som skaber ubalance.

Kommer frøens kraft til dig er det en hjælp til at forløse, og du må forstå værdien i at forløse gennem gråd. Frøen er med til at åbne sluserne til vores tårer og sårbarhed, som nu i den nye verden skal være velkommen, og som åbner for den modtagende energi.

Selv i sorgens stund har vi forsøgt at lukke af og mure vores tårer inde. Det kan være meget usundt og skabe sygdom.

Sorgen kan lagre sig i kroppen og vågne som stress symptomer.

Frøen fortæller dig, at du skal være lykkelig for din given slip på det gamle mønster.
Vigtigt at turde lade tårerne få frit løb når der er brug for det.

Råd:
Rens dig under bruseren, blot bed vandet om at rense dig, ved at mærke det dybt indefra.

Mærk at vandet renser dig for negativ energi både fra dig selv og andre. Mærk, at du bliver helt ny.

Måske sidder du lidt fast i mudderet, er blokeret følelsesmæssigt
Eller måske løber følelserne af med dig. Kald på frøen.

Drop den gamle rutine, som hænger dig langt ud af halsen, gør noget andet, end du plejer.

Har du rodet dig ud i ufred og rod.
Tag en tur i skoven og sæt dig under et træ, eller tag til vandet og lad vindene blæse dine tanker ud af hovedet.

Husk, at når du lukker en dør, åbner der sig altid en ny og spændende rejse.

Giraf - overblik - visioner - jordforbindelse

Giraffen er jordens højeste dyr, og selvom den ser skrøbelig ud, er dens vægt velafbalanceret og den er kun sårbar, når den bukker sig ned for at drikke vand.

Giraffen lærer os at se på vores liv på måder der både har jordforbindelse og er visionær.

I vores spirituelle udvikling skal vi altid huske på, at vi er fysiske væsner siger Giraffen.

Giraffen holder overblikket og jordforbindelsen, når nordens vinde kommer ind med vilde visioner til dig, de blæser igennem dig, og du forstår ikke altid hvorfor dine gode ideer ikke altid bliver til noget.

Giraffen vil lære dig at bevare jordforbindelsen og manifestere himlen på jorden. Pas på du ikke hænger fast i Ego bevidstheden når ideerne kommer.

I denne ny tid skal himlen udleves på jorden og visionerne skal komme fra det rette sted i ro, balance og jordforbindelse. Direkte fra Giraffens store smukke hjerte og dit.

Giraffen siger:

Ro på, du modtager mange og lange beskeder alt for hurtigt. du må bruge din tromme til hjertelyden og jordforbindelsen, så dine kanaliseringer ikke bare løber igennem. Du kan træne det.

Bekræftelser:

Jeg stopper op. Jeg lander med overblik og begge ben på jorden.
Jeg gør mig klar fra hjertet, til at tage nye store skridt.
Jeg kalder på giraffen, drømmer og skaber mine visioner.
Jeg glider med i tillid.

Gazelle - bevidsthed - sårbarhed

Gazellen fortæller om sårbarhed, og da den ofte er middagsmad for de store katte, har Gazellen stor opmærksomhed på hvad der foregår i omgivelserne.

Og selvom Geparden kan løbe hurtigere har gazellerne udviklet evnen til at hoppe fra side, til side for på den måde at hoppe ud af gepardens lige løbebane.

De lærer os, at med opmærksomhed og særlige evner, kan vi være trygge i vores sårbarhed.

Kommer Gazellen til dig i tiden nu, er det vigtigt at du ser ind i din sårbarhed, og byder den velkommen som en del af din feminine kraft.
Gazellen åbner dig, så du kan slippe alt det du har spist af frygt for andres fordømmelser.

Din vej igennem din tidslinie har lært dig at studere andre mennesker, og du har stor visdom på forskellige typer af mennesker.

Gazellen siger:

Det er tid til at tage den direkte vej, at slippe frygten. Du ved i det indre, hvad du må gøre og hvilken vej du må gå.

Du har helt særlige evner, bryd dit mønster.
Gå med din mavefornemmelse, og løb ikke hurtigere end nødvendigt er.

Bekræftelser:

Jeg følger min mavefornemmelse.
I sårbarheden er mit hjerte åbent.
I sårbarheden er jeg smuk og åben.

Guldsmed - illusion - lethed

Tid til at åbne for spirituelle energier.
At rejse i forskellige dimensioner i det indre.

Guldsmeden hjælper dig ind i drømmetilstanden. Se blot hvordan den danser let hen over blomsterengen. Måske du trænger til at give slip og blot drømme i naturens energi.

Opdag, at den fysiske travle verdens begrænsninger kan brydes, ved blot at være et med naturen.

Se lidt på hvad der sker i dig. De steder du bliver påvirket er blot illusioner til at vågne op for at vokse og gro.

De fleste mennesker med guldsmedens kraft, kan gennemskue deres egne illusioner og handle ud fra det. Ingenting er helt som det ser ud - Virkeligheden kan være en anden.

Du ser gennem guldsmedens smukke vinger og kender dine følelser. Drømmende har du, se på din virkelighed og mærk dine drømme.

Her får du kraften til at dit liv aldrig bliver kedeligt.

Guldsmeden siger:

Stop op og mærk godt efter - Lyt til din indre stemme.
Du er dig, og at have de følelser du har, er din ret og også et ansvar, overfor dig selv.

Vigtigt at lytte ind, så du ikke mister din energi.

Vær og glid med det du mærker og føler. Flyv så med den smukke guldsmed til det sted hvor magien lever og illusionerne er ægte - Stedet bor inde i dig.

Når du lander der vil alting i livet blive smukkere og ikke mindst lettere.

Hest - indre kommunikation - frihed - venskab

Hesten er et venligt, intelligent dyr, der ofte er blevet forbundet med gunstige begivenheder.
I det kinesiske stjernetegn er hestefolket venlige, eventyrlystne og lidenskabelige.

I den græske mytologi var den bevingede hest pegasus, kilden til inspiration og poesi.

Hestens kraft er også blevet forbundet med seksualitet eller fertilitet. I hindu, hos kongen Dasa - Ratha, beder de til guderne om at give ham en søn. Og for at behage guderne sætter kongen en stor fuldblodshest fri i et år.
Da hesten vender tilbage, modtager Dasa-Ratha en besked om, at han vil få fire sønner.

Hesten fortæller om dine mange dyder, og om stoltheden ved at være netop den, du er.
Kraften i at acceptere sin plads i livet og villigheden til at ændre den, hvis hjertet sender nye veje.

De indianske shamaner ærer hesten som det dyr, der giver dem evnen til at flyve og nå himlen. Så når shamantrommen lyder kalder de på hesten og rider på trommen ud efter svar der kan styrke for det højeste gode.

Kommer hesten galoperende forbi dig har du evnen til at indordne dig efter forholdene. Du ved når det er tid til at hvile, og når det er nødvendigt at bevæge dig videre i livet.
Dette kan ske i flyvende fart så andre dårligt kan følge med, men du ved hvad du skal, og din bevægelse foregår i fuld galop og balance.
Samtidig besidder du en stor nænsomhed.
Din kraft er jordisk styrke, mental balance og spirituel afklaring.

Hesten som hjælper i ubalance:
Måske har du mistet din bevægelsesfrihed.
Manglende balance slører dit selvværd.
Er du gået i en fælde - glemt dig selv?
Husk at kalde hesten for svar i det indre.
Måske er det tid til at ride på Shamantrommen ud i friheden.

Hesten siger:
Du er ikke skabt til at træde tilbage.
Hvorfor gøre dig mindre end du er ?
Op på hesten igen og stå på din ret.
Ud af offerrollen - ind i trygheden
Din hestepower er klar til nye skridt.

Bekræftelser:
Jeg rejser mig og står fast i min kraft.
Jeg tager imod dybere venskaber.
Jeg mærker mit kald.

Humlebi - fællesskab og personlig power

For de gamle druider og urtefolket symboliserede humlebien solen, gudinden, fest og fællesskab.
De levede i hytter formet som bikuber.

De kalder på Humlebien og beder for harmoni i deres samfund, ikke kun for dem selv, men bønnen gælder for alle.
Humlebien er ren magi. Den bærer. En kraft som er større end den selv. Man undrer sig over, at den kan flyve og holde balancen.

Humlebien siger:
Husk. Du kan lige hvad du vil, bare du selv tror på din kraft.
Måske er du på vej gennem stormvejr og oprydning.
Hold balancen lidt endnu.
Din skaberkraft er Solguden og Gudinden er med dig
Et nyt fællesskab vil blomstre på den anden side.

Bekræftelse:
Livet er en festlig transformerende rejse.
Jeg bære min kraft og jeg tror på den.

Besked fra de ældste

De siger, at du jager dyrene for spændingens skyld.
Først bøflen, nu bjørnen.
Og at du ved, hvor få der er tilbage.
Alligevel ser du ud til at være ligeglad.

Hval - visdom fra fortiden - sjælens lyd

Hvalen besidder mange talenter.
Det siges, at den bærer moderjords visdom langt tilbage i tiden vi har gået. Hvalen er som et flydende leksikon.

Har du hvalens kraft, vil du opleve at du besvarer spørgsmål, hvor du bag efter undre dig over, hvor du vidste det fra.

Du har en kraft, hvor du kan gå ind og trække på en visdom, som kun de færreste har fri adgang til.

Udover det kommunikerer hvaler ud fra lyd frekvenser, en gave som du også har med som lyd healer.
Intuitiv sjælssang i den nye tid er nøgler for at åbne for en højere og smukkere hjertebevidsthed.

I fremtiden vil dine telepatiske evner også vågne.

Gennem lydens rytme og mønstre viser hvalen hvordan vi lytter til vores indre stemme. At få helet vores undertrykte lyd, dette er vigtigt for at vi kan være i kontakt med vores personlige sandhed, og kommunikere den ud.

Hvalen siger:
Find din personlige lyd, heal de gamle blokeringer og giv slip. Rejs i dit indre lydunivers, og du vil kunne åbne for andre bevidsthedsniveauer ind i en ny verden.

Det er ikke nødvendigt at spørge andre om råd. Du har alle svar i dig selv, mærk svaret gennem en bekræftende følelse.

Råd:
Lær at modtage svar fra din krop og intuition til dit eget liv.
At lytte til det der skaber lethed og nærvær i dig, som er bedst for dig.
Træk din spiritualitet ned på jorden. Den skal leves, som den tro på livet du havde da du var barn.
Gør det gennem din lyd. Intuitiv lyd er ikke altid smuk, men bliver det når du lander i livet.

Bekræftelse:

Jeg healer de blokeringer der er lagt på min lyd.
Jeg finder min lyd gennem mit hjerte.
Jeg mærker healingen i mig selv gennem lyden.

Isbjørn - renhed - nye muligheder

For Eskimoen og Inuit folket er isbjørnen en kilde til både fysisk og åndelig næring.
Spirituelt betragtes isbjørnen som ånden i nord, med stor kraft, visdom og renhed. Den kommer med nye muligheder og støtte ind i de højere vibrationer som er landet på jorden i tiden nu.

Isbjørnen støtter dig, når livet bliver tungt og nye muligheder skal skabes. Den holder dig til du ser din renhed i det indre, og slipper tungt stof som ikke er din naturlige og sande væren.

Isbjørnen siger:
Måske er du opdraget til ikke at turde leve din sandhed.
Se ind de steder hvor livet stresser dig og spørg, hvordan du kan finde nye muligheder og træde ud af de gamle vaner..

Bekræftelse:
Alt hvad der er tungt transformerer jeg til noget nyt.
Jeg har fortjent det bedste.
Jeg modtager renheden fra nord og mærker vinden favne mig.

Besked fra de ældste

Du sagde, du havde brug for træernes frugt
At du kun ville tage nogle få.
Er du klar over?
At hjortens, ulvens og rævens hjem,
meget af deres jord nu er blottet.

Hare - frygt - leg - balance

Haren kender sin frygt og lever med den i balance. Den er sensitiv og fintfølende.

Haren er altid på vagt, for farerne lurer overalt.
Frygten er en velkendt følgesvend, men den er ikke ødelæggende for livskvaliteten.

Det er ok at være bange, med harekraft kender du til frygt, men du har arbejdet så meget med den, at den er landet i visdommens bank.

Denne form for frygt er en angst der startede i fortiden 14 dage før man skulle på scenen eller til eksamen.
Nu er du der hvor der, blot er sommerfugle i maven når du går ind i rummet på dagen.

Harens kraft hjælper dig med at balancere din frygt til en naturlig sommerfugl, når noget skal præsteres eller afprøves.

Sammen med haren har du kraften til at få helt styr på din frygt.

Er haren i ubalance:
Sidder den i sin hule handlingslammet og føler at alle udgange er fyldt med fjender.
Dette er ikke sandt, men har du det sådan, er det tid til at stoppe op og finde ro, tage nogle dybe vejrtrækninger.

Kald på haren, og studer hvordan det smukke dyr løber og leger på marken. Oplev dens sensitive små chokreaktioner, som den vupti forvandler til leg.

Jo mere vi fokuserer på vores frygt, jo mere tiltrækker vi frygt. Haren hjælper dig med at gøre frygten til en naturlig del af dig.

Haren i balance lærer os at tiltrække kærlighed, leg og sundhed. Ind i den naturlige væren.

Bekræftelser:

Jeg favner mine små chokreaktioner som er en del af min sensitive kraft.

Jeg slipper min frygt så jeg kan omfavne legen og friheden.

Katten - overflod - uafhængighed - beskyttelse - helhed

katten er kendt for sin uafhængighed, og det at følge sine instinkter. Den er dybt telepatisk og har en ren åndelig natur.

I det egyptiske hierarki af dyr, var katten et uhyre kraftfuldt væsen. Den guddommelige moder kat af alle katte var Bast. Hun var jordmoder. Og gudinde for liv og overflod.

Gudinden Bast, var symboliseret med kattehoved. Hun vogtede og beskyttede hjemmet, frugtbarheden, kvinder og fødsler.

Grækerne associerede katte med gudinden Artemis, jægerinden og jomfruguden for månen. Den romerske version af Artemis var Diana, der var kendt for heksekraft.

I Botanisk Have i København står en bronzestatue fra begyndelsen af 1900-t. af jagtens gudinde med et pilekogger på ryggen og en lille hjort ved sin side. Statuen viser hende som jæger og som beskytter af livet, dyr og kvinder, bl.a. fødende kvinder.

Denne smukke spirituelle skabning lære, os at den fysiske og spirituelle verden ikke kan skilles fra hinanden.

Katten siger:

Du bliver ikke helt lykkelig før du har samlet begge verdener. I dig selv. Jo mere du tager din kraft hjem, jo større uafhængighed og beskyttelse kommer fra dit eget indre.

Når du siger ja til at blive samlet, kan du række ud efter din overflod og give dig hen som katten i legende lethed i livet.

Kattens spørgsmål:
Måske går du på listefødder som katten når du møder nye udfordringer eller mennesker?

Læg mærke til hvor hurtigt kattens energi kan skifte fra hurtighed, leg, lethed og indre ro. Den kraft har du.

Bekræftelse:

Jeg favner hele mig.
Jeg tillader mig selv at være den jeg er.
Jeg giver mig hen til livet som katten.

Mus - granske - find de røde tråde

Den lille mus fortæller om sin evne til at gå i detaljer. Bare se når den bygger sin fine redde, hvordan alt er lagt tilrette og puttet, og hver eneste tråd føre til den næste. Et stort men vigtigt arbejde med en tryg rede.

Musen hjælper osse med at finde de røde tråde i de små detaljer, som kunne blive overset i vores jagt efter at se det store billede.

Musen siger:

Måske er der noget du har brug for at gå i dybden med? som du går og gransker over? er du i balance er det ingen sag.

Men er det en måde du finder tryghed på, er det måske kontrol og så er din mussekraft i ubalance.

Man kan altid hente råd og vejledning hos dig. Det er fantastisk. Men husk også at der skal være tid til dig selv, tid til noget som gør dig glad og giver dig ro til at granske.

Har du helt glemt din musse kraft?

Aner du ikke hvad der foregår omkring dig? alt bliver til rod, fordi du blot lader stå til. Du må lave en plan og få styr på de røde tråde, så du kommer hjem i din kraft.

Giv dit liv og dem omkring dig opmærksomhed og opdag. At livet har en større sammenhæng, hvor alle er lige betydningsfulde.

Tag et lille skridt af gangen.

Bekræftelse:
Jeg slipper min kontrol og skaber tryg rede i mig selv.
Jeg finder de røde tråde i mig selv og tager livet mere ind.
Jeg er du er - Livet vil mig det bedste.

Odder - glæde - leg

Odderne har et særligt talent for at nyde livet, og det er lige netop det den gerne vil lære dig.

Dit indre barn bor i dig og nu er det tid til at lege på flere forskellige måder. Foreks. Det at træne i det indre, også på jobbet så det også bliver en leg, stoppe med at gøre noget svært eller tungt.

Vigtigt at give slip og tage legen før det sure arbejde i hjemmet. Begynder du at lege med børnene først, vil du skabe energi til pligterne og de bliver så også til en leg.

Odderen skaber balance i det feminine både hos mænd og kvinder. Glid med ind i nydelsens følelser.
Vigtigt at vi i tiden nu lære at nyde vejen vi går.

Odderen er yndefuld. Når den snor sig i vandet med sin unge i sin favn, udtrykker den glæde og omsorg.

Odderen siger i balance:
Glid med på dine yndefulde bevægelser både fysisk, psykisk og spirituelt. Inviter så andre ind i cirklen til deling af et fælles univers.

Odder i ubalance:
Måske giver du meget mere end du modtager.
Tiden er inde til at øve sig i at modtage knus og komplimenter.
Vigtigt at åbne op så andre kan lære dig at kende.

Har du frygt for at blive afvist?

Råd:
Se ind og mærk dit indre barn, mærk og se for dig hvordan du modtager et dyr du elsker højt. Følelsen du får, er den du får, når du modtager fra hjertet. Øv dig, det er dejligt. Er du klar til at modtage og mærke knus ? Så er det en god ide måske selv at starte med at give knus.

Når du er blevet tryg i det at give og modtage knus, er det tid til også at mærke det. Mærk andres glæde ved mødet med dig .

Odderen er modtagende, legesyg og fri for jalousi.
Efterhånden som både kvinder og mænd begynder at give udtryk for de højeste kvaliteter af denne kraft, kan verden blive et bedre sted, hvor alle kan lege uden frygt for skade eller tab.

Bekræftelse:
Jeg giver slip alle steder, hvor jeg gør livet svært.
Jeg er den jeg er - Jeg glider med livets leg.
Jeg rækker ud og tager imod knus og kram.

Besked fra de ældste

De bad mig fortælle dig, at tiden er inde.
De ønsker du skal vide, hvordan de har det.
Så lyt godt efter, og se mod solen.
De ældste ser på og støtter dig.

Besked fra de ældste
Ikke alle vil forstå din rejse.
Og det er ok.
Det er ikke deres opgave.
Det er din.

Ræv - list - seksualitet - sanser - healer

Ligesom prærieulven er ræven stærkt forbundet med magi og overnaturlig kraft og list. I naturen lever den i udkanten af mark og skov. Ræven formidler mellem mennesker og åndeverdenen. Ræven er en stærk Healer.

I en kinesisk forklaring kan ræven antage en menneskelig skikkelse i en alder af halvtreds, og ved sin hundrede års fødselsdag bliver den enten en troldmand eller en dejlig jomfru.

Røde ræve er forbundet med seksuel energi og den kreative livskraft. Nogle indianske legender taler om en jæger, der opdager at hans kone har en hemmelig ræveidentitet.

Rævens største gave er ikke at kunne løbe fra jagthundene, men at kunne vide, hvornår de er på jagt.

Når vi lærer at gøre os uafhængige af vore omgivelser, og kan observerer med alle vore sanser, er vi også i stand til at forudse og selv skabe fremtiden.

Ræven er også en stor beskytter af familien og dem den elsker. den er villig til at give sit liv, for at rede sine unger.

Ræven siger:
Tale er sølv - men tavshed er guld i den udfordring du står i lige nu., vær stille og lyt til udfaldet.

Ræven beder dig huske din evne til at vide, hvad der vil ske om lidt eller i fremtiden. Dette vil forhindre dig i at blive overrumplet i en bestemt situation.

Dit liv står altid til at ændre - Men kun du kan gøre det.
Rævekraft har altid flere udveje.

Spørgsmål:
Hvor er du henne?
Gemmer du dig i din hule?
Din mening er vigtig - find dit selvværd frem.

Bekræftelse:
Jeg kalder rævens kraft og fylder mig op med ny energi.
Jeg går nye veje ud i letheden.
Jeg er magi og selvhelbredende.

Skildpadde - kvindens kraft - jordforbindelse

Skildpadden har 13 felter på sit skjold, kvinden har 13 menstrutioner på et år, og bedstemor måne lyser på os 13 gange om året (fuldmåner.) det betyder at kvindens kraft er stærkt hellig, og at det er vigtig at respektere tallet 13, som er blevet snavset til i fortidens forsøg på at have magten over kvinden.

Det er vigtig nu sammen med skildpaddekraften at lande på jorden med sin kraft, at slå dybe rødder og blive et med moder jord så denne magiske kraft kan vågne igen. En kraft af ligeværdighed og respekt for hinandens sandhed.
Både for mænd og kvinder.

Kald skilpadden og lad den hjælpe dig med at samle din kraft i den nærende og beskyttende energi fra jorden, og i dit helt naturlige tempo.

Skildpadden siger:
Stop med at presse dig selv ud over kanten af din naturlige væren, det er tid til at stå fast og du er godt beskyttet indefra.

Skildpadden har mange budskaber. Den beder dig om at ære din kraft og værne om din evne for moderlig kraft og omsorg for dig selv og andre.

Du behøves ikke at løbe stærkt for at nå dit mål.
Bevar din tætte kontakt til moder jord og du vil modtage og forstå din overflod på alle planer.

Skildpadden i Ubalance:
Vælter du om på ryggen og mister din jordforbindelse, så kald moderjords og skildpaddens hjælp, du er ikke alene.
Du er barn af jorden.

Bekræftelser:

Jeg er taknemmelig.
Jeg kalder min kraft hjem hver eneste aften.
Jeg følger mit naturlige flow ind i overfloden.

Skildpadde bøn

Store skildpadde ånd
jeg inviterer dig ind i mit liv
jeg søger din lærdom og enorme visdom
Jeg søger din lære af stabilitet
Jeg søger din lærdom fra kysten
led mig hen ad vejen til det sted
hvor vand rører jorden
rummet mellem bevægelse og stilhed
mind mig om at jeg bærer alt hvad jeg har brug for
med mig på min rejse hele tiden
Væk mine sanser
så jeg er forberedt på
muligheder når de kommer
Hjælp mig med at stole på, at alt sker
når og hvordan det skal.
Beskyt mig fra skade og del din oprindelige visdom.
Vær venlig hjælp mig.
Husk mig på, at mit hjem er hos mig
hvor end jeg går.
Moder skildpadde
Jeg kalder dig.

Besked fra de ældste
kære ven, vær klar og forstå.
Ikke alt er mørkt og dystert.
Gå efter det, der får dig til at smile.
Det er det, du er kommet for.

Slange - transformation - give slip - shamankraft

Som slangen afstøder sit skind, kan slangen hjælpe os med at se og slippe vores illusioner og begrænsninger.

Er du i dyb fred og tillid til livet, bliver du et med slangen. Slangen vil aldrig blive farlig, hvis du er i fred med dig selv. Bliver du bange bliver slangen også og så går det galt.

I gammel tid når den unge pige skulle i lære som Shaman, skulle hun frisættes for frygt og hente sin kraft hjem. Som ung kvinde blev hun sendt på bjerget, hvor hun opsøgte slangen. Hun fandt slangens bolig og opholdt sig stille ved den, studerede slangen, arbejdede med sin frygt igen og igen,(somme tider i flere uger,) til hun var helt fri og kendte slangen ud og ind.

Først da kom slangen helt ud af hulen, og hun kunne med et snuptag tage fat i slangen, se den i øjnene, og sige „ Nu er du min kraft. Efter det blev de et med hinanden, og hun kunne altid bruge slangens medicin til transformation.

Der er mulighed for stor transformation.

Når slangen kommer til dig. Måske er der noget du går og drømmer om? så er tiden inde til at visualiser. Drømmen helt derud, hvor du giver slip på alt der står i vejen, for at du kan udleve denne drøm.
Derefter glæder du dig bare til at modtage din drøm i livet.

Slangen er en stor healer, hjælper dig med at træde ud af den gamle ham. Noget dør og nyt genopstår inde i dig, som en genfødsel hjem i en større kraft af fred.

Slangens kraft skaber en dyb indre indvielse, og hjælper dig med at gå din vej på jorden i accept og fred.

Bekræftelse:

Jeg modtager min kraft og går på min vej i livet
i accept og fred.

Jeg mærker min drøm med dyb taknemmelighed.

Sommerfugl - glæde - lethed - genfødsel

I stadiet fra larve til sommerfugl inkarnerer princippet om fysisk og åndelig transformation, og når sommerfuglen belyser en blomst, sætter sig på en blomst, er selve essencen af glæde, skønhed og frihed ilagt blomsten.

Sommerfuglen har været et symbol på sjælen siden den tidlige kristendom, og ægteskabelig lyksalighed i Kina, samt forandring og glæde hos de indfødte amerikanere.

I tidlige minoiske små samfunds kulturer var sommerfugle guderne et nøgleemblem, der symboliserede nyt liv efter døden.

Sommerfuglen forlader frygtløst sikkerheden i sin kokon, for at møde en ny verden i en ny form. Den stoler på at dens nye vinger kan flyve.

Det er et stærkt symbol for alle, der overvejer eller er midt i en større ændring i livet.

Er Sommerfuglen kommet til dig, er du et menneske i stor spirituel transformation. Vigtig at du lærer af sommerfuglens lethed og glæde, at du lærer at åbne op, transformerer og bliver genfødt i mere glæde og lethed.

Sommerfuglen vil også minde dig om at lytte til din intuition. Sommerfuglen skaber bro mellem himmel og jord.

Sommerfuglen Siger:
Bliver noget tungt i dig, må du gå ind i din
puppe, i din livmoder og skabe forvandling og genfødsel.

Lige der inde i dig kan alt transformeres og genfødes.
En åndelig fødsel er på vej.

Bekræftelse:

Jeg er guddommelig lethed og glæde.

Zebra - individualitet - samarbejde

Hjælper dig til at opdage og give slip på dine projektioner, at se ind i dig selv i stedet for at dømme, at møde forskelligheden med nye øjne og personlig udvikling, at rydde op i dig selv for at kunne følges med andre som er anderledes.

Ikke alt er sort og hvidt. Det er tid til at kunne rumme det modsætningsfyldte i dig selv.

Så du lærer din virkelige sandhed at kende. Zebraen hjælper dig med at få øje på det skjulte i dig selv.

Her lærer du at ære følelsen af fællesskab, sammenhold og samarbejde, og samtidig bevare dig selv i gruppesammenhænge.

Zebraen siger:

Måske har du haft svært ved at være social, haft svært ved at være sammen med andre mennesker. Det er tiden at komme ud af spændetrøjen fra barndommen, en ny verden af sjælevenner står klar til fællesskab og sammenhold.

Forskelligheden er spændende og skaber større og bedre samarbejde.

Bekræftelse:
Jeg øver mig og træder ind i fællesskabet.
Jeg er klar til samarbejde og mødet med sjælevenner.

Tyr - jordforbindelse - hellig ceremoni

Tyrekulter var allesteds nærværende i gamle kulturer, hvor man hengav sig og tilbad tyren som var den det højeste guddommelige.

Men tyren var også et symbol på fornyelse, og den blev rituelt ofret. Man spredte tyrens blod på forårsmarkerne for at sikre ny vækst.

I grækenland var disse ritualer forbundet med Dionysos, den græske gud for transformation og fornyelse. Dionysos, der ofte blev repræsenteret som en tyr, og nogle gange som en ged, blev parteret af titanerne og det siges at han derefter genopstod.

Den spanske tyrefægtning er et levn af ofringen.
Minotauren er en anden guddom fra græsk mytologi, som havde hovedet af en tyr og en mands krop, er også forbundet med ofring og fornyelsescyklus.

Drabet på tyren sagde man at genoprette liv og ungdom.

I Peru og andre steder er tyren placeret på taget for beskyttelse og overflod. Den sørger for at folket ikke sulter.
De tilbeder den stadig i hellig Ceremoni.

Helt jordisk taler tyren i tiden nu om, at vi må lære at nyde livet, at give slip alle steder hvor man ikke er et med det man gør eller handler på.

Frekvensen på moderjord er en anden end for 50 år siden, og du kan ikke længere løbe efter regler og job som kun trækker din energi ned.

Gør du det? vælter du og bliver stresset eller deprimeret? sluserne åbner til dybe tunge energier af mindreværd og utilpashed.

Tyrens Råd:
Gør noget godt for dig selv.
Lær af shamanismens Hellige Ceremonier, de åbner hjertet.
Husk at du af natur er romantisk, trofast og kreativ
Tid til fornyelse?

Bekræftelser:
Jeg stopper op og nyder min dag.
Jeg følger det mit hjerte kalder på.
Jeg sætter mig på marken og slår rødder og nyder naturen.

Ko frugtbarhed - renhed - guddommelighed

Koen er blandt de ældste af hellige dyr.
I Egypten blev en ko - skulptur med en gylden sol mellem hornene bragt rundt i et natteligt passions spil, der skildrer guden Osiris' død - en årlig begivenhed, der opføres på den egyptiske helsjæles dag.

Ko - figuren i sig selv repræsenterede Isis, Osiris hustru, som ledte efter liget af sin døde mand. Isis, den førende egyptiske gudinde, var forbundet med overflod og frugtbarhed.

Ko-kulter eksisterede også i græsk-romerske kulturer. Dyret er stadig helligt i Indien, hvor det anses for at være et væsen med stor renhed og frugtbarhed.

I hinduismen repræsenterede kvæget den kvindelige kraft i naturen, hvorved jorden selv er opfattet som en ko, og al vegetation og føde stammer fra dens malkning.

Koen siger:

Stil dig på marken foran mig og mærk min guddommelige energi. Prøv at mærke hvordan du åbner hjertet.
Jeg har kraften af dragen med mig, fordi jeg har ofret mit liv til at passe moder jord og brødføde mennesket.

Tiden er inde til renhed, det vil sige at følge det åbne hjerte i et med naturen. lad mig hjælpe dig med at åbne hjertet, så du kan følge nature i dig og derved støtte dit og moder jords naturlige guddommelige flow.

Renhed er din sandhed. At gå med det bedste for dig og stå ved det. At mærke dig frem og rydde op i alt der står i vejen for din frugtbarhed på alle planer.

Bekræftelser:

Jeg trækker vejret i naturens guddommelige kraft.
Jeg tager imod min frugtbarhed på alle planer.
Jeg er guddommelig og rig på kærlighed.
Jeg trækker vejret i kærligheden.

Struds - træd frem - store skridt

Strudsen er et roligt dyr, men kan også være frygtindgydende hvis du kommer for tæt på.
Strudsen vejer let over 100 kilo, og er mere end to meter højt.

De er rolige dyr, som er nemme at omgås.
Men de er ikke kæledyr - man går ikke ind til dem. Den har sit eget territorium, og det skal man respektere, ellers sætter man livet på spil.
Vidste du, at en struds ikke er en fugl i den forstand? Den er faktisk mere en øgle. Det, der ligner vinger, er mere en slags forben.

Mødet med strudsen:
Da jeg var ung og begyndte at kalde kraften fra dyrene, kom strudsen til mig. Den kikkede mig dybt i øjnene, og så borede den sit hoved ned i sandet, så man kun kunne se den store bagdel og noget af den lange hals.

Strudsen siger:

Det er tid til at tage dit eget territorie. Det nytter ikke at gemme dig, eller se ned i jorden. Din kraft er så stor, så du kan ikke længere gemme dig. Du må rejse dig op og tage din plads,

når du tager din plads vil strudsen hjælpe dig med at tage nogle nye store skridt i dit liv.

Se ind i det mønster hvor du forsøger at gemme dig.

Bekræftelse:

Jeg slipper mine begrænsninger og tager min plads.
Jeg respekterer min egen kraft.

Kraftdyr Øvelse:

Tænk ikke over dem - bare skriv.
Skriv de første 3 dyre navne ned der kommer til dig…

Se ikke svarene før du har skrevet dine 3 dyr.

Svar:

1. Hvordan du ser dig selv.
2. Hvordan andre ser dig.
3. Den du er.

Besked fra de ældste.

Den grønne farve er kommet tilbage til landet
Den er til folk, der værdsætter, hvad naturen giver
Og for dem, der hjælper andre, SÅ se og mærk.

Græshoppe - astralrejser - nye spring i livet - lydvibration

Græshoppen er forbundet med astrale rejser.
De har evnen til at springe gennem tid og i rum, hvor de sande livets mysterier eksisterer.

Mennesker med græshoppens medicin, har visdom som er nødvendig for at overvinde forhindringer, og er i stand til at hoppe ind i vellykkede projekter uden forberedelse eller planlægning.

Når græshoppen viser sig, bliver vi bedt om at tage et spring frem i livet uden frygt.
Det kan være, at det er tid til at du skal springe ud i noget, som du har prøvet at undgå.

Der er kun en vej siger græshoppen, der kun kan hoppe fremad .... ikke bagud eller sidelæns.

Tid til at komme videre, at komme forbi, hvad der hindrer dig. græshoppen symbolisere her, held og lykke, for at tage de nye direkte skridt.

Græshoppen har også en evne til at forbinde sig og forstå lyd vibrationer. Et symbol på din indre stemme er ved at åbne sig som en nøgle til intuitiv healings lyd, en nøgle til den dybeste kerne.

Egypten: De særligt store græshoppe arters kraft, anvendes som motiv af de gamle egyptere. DE skar symboler ind i templer, af græshoppen, nogen gange som en vandrende græshoppe, som blev til seværdigheder i den rige landbrugsjord op til Nilen.

Bekræftelser:

Jeg mediterer og mærker min vej, og gør mig klar til springet.
Jeg rejser og lytter i mig selv.
Jeg finder min egen guddommelige lyd.
Jeg gør mig stille klar til springet ud i livet.

Påfugl - portvogter - klarsyn - skønhed

De mange øjne i påfuglens halefjer er forbundet med syn og visdom. I græsk mytologi var fuglen et symbol på gudinden Hera, der holdt den i sit tempel som en mangeøjet vagt.

Muslimer på Java tror, at påfuglen vogter porten til Paradiset. Jeg, Takanaiya, er nødt til at fortælle, at det samme tror jeg, da jeg har fulgt en smuk kræftsyg kvinde over i lyset.

Det jeg så var, at påfuglen gik imellem dem der ventede på at hente hende og hende selv. Påfuglen havde et tydeligt budskab: af beskyttelse af den syge kvinde, den vogtede til hendes krop var helt klar til at hun kunne give slip.

Påfuglen repræsenterer også frugtbarhed, skønhed, illusion, beskyttelse mod onde øjne og er et symbol på sjælen.

Påfuglen siger:

Se min skønhed med din sjæls øjne og husk skønheden i dig selv. lad mig hjælpe dig med at se skønheden i dig selv.

Derved vil du integrere mere selvværd og tillid til dine processer.
Når du ser skønheden og energien vågner i dig selv, åbner dit klarsyn porten til indre og ydre rigdom.

Åben op og tag imod. Jeg er din vogter på alle planer lige nu. Jeg vogter til du er klar til næste skridt.

Bekræftelse:

Jeg ser efter skønheden i alt.
Jeg rækker ud og tager imod.
Jeg er sjælens skønhed og kærlighed.

Besked fra de ældste

Og der er de handlinger, der viser, dem der ser hvordan tingene kunne være. De gør hvad de kan, giver alt, hvad de har, bare for at redde et gammelt træ.

Fabeldyr - øst kalder - mod og styrke

I Vindenes medicin i denne tid, står fabeldyrene og sender dig den kraft du har brug for. En støtte til at gå ud i det uvisse, derud i ny begyndelse hvor du ikke kender vejen, men hvor vejen viser vej sammen med livets skridt, imens vi går vejen, skridt for skridt som det nu er tid til at sætte lys skridt på moder jord i en helt ny retning til noget smukkere og bedre. Det handler om tillid, mod og styrke til at smide kontrollen og gamle bindinger, sætte dig selv fri til at skabe nye eventyr uden at vide hvad livet har til dig.

Et sted hvor du for alvor begynder at leve dit frie liv.
Det er tilladt at drømme stort og glæde sig til det som kommer.

Bekræftelser:
Jeg har tillid til, at livet viser vejen.
Jeg skaber det eventyr jeg drømmer om
Jeg træder frem og lever mit liv hver dag.
Jeg sætter fokus på min største drøm.

Pingvinen - sammenhold - leg - lethed

Nu er det tid til leg, lethed og sammenhold. Måske har livet lært dig, at livet skal være på en bestemt måde.

Giv slip på alt hvad du har lært siger pingvinen, og kaster sig ud i lethed og leger sig igennem dagen.

Stop op kære dig, STOP STOP og se ind i hvad der er godt for dig. Vigtigt at du begynder at lære at nyde livet og alt hvad du gør.

Dette er den største gave du kan give dig selv.

Har livet givet dig alt for store krav til dig selv?
Smid håndklædet i ringen og tag på en velfortjent ferie. Ud og leg, gør alt det du har ønsket dig og glædet dig til, som dine indre krav til dig selv bliver ved med at udskyde til en gang. Det er lige nu. GO`GO`

Vær ikke bange for at miste - du vil blot se et stærkt nyt sammenhold omkring dig og dine måske nye venner.

Bekræftelse:

Jeg har fortjent at leve mit liv i lethed.
Jeg gør min dag til en leg.
Jeg tager imod et dybere sammenhold.
Jeg glider med livet gennem følelserne som pingvinen gennem vandet.

Besked fra de ældste

De bad mig fortælle dig, at tiden er inde
De vil have dig til at forstå og mærke at de er hos dig
Mærke deres kærlighed og visdom
Så lyt godt efter, se mod solen
De ældste ser på dig - Ære dig

Skarabæ - lykke - Rigdom - kærlighed

Skarabæen er et symbol på liv og genfødsel, og blev benyttet som amulet eller segl i det gamle Egypten for guden Khepri. Den er blandt de helligste og mest velkendte af alle egyptiske symboler.

I egyptisk kultur blev solguden symboliseret af et skarabæhoved, som skubbede solen foran sig over himmelhvælvingen. Skarabæen åbner hjertet, giver mod og styrke til livskraften og modvirker depressioner.

Den hjælper dig med at tage tid til sig selv og sætte dig selv, i første række. Gør du det, vil du fylde dig selv op med så megen energi og kærlighed. Begynde at elske dig selv.
Og dermed give ubetinget kærlighed videre til andre.
Den nye vibration i dig vil også manifestere lykke og rigdom blot ved at drømme sammen med skarabæen.

Bekræftelse:
Jeg passer på mig selv og min energi hver dag.
Jeg åbner mig for livskraftens magi.
Jeg er min egen lykkesmed.

Den hvide Due - En hilsen fra dit højere selv

Mærk en mild hvisken i øret.
Energien siger giv mig din hånd,
og jeg vil give dig alt. Jeg er her for dig, og jeg er i dine drømme, i din skjulte samvittighed og værdsættelse af dig selv.

Led ikke efter mig udenfor, så forsvinder jeg.
Jeg er her sammen med dig.

Til dem der ved hvor man kan finde mig siger jeg:
Jeg lytter til dig gennem dine følelser. Vær direkte, så jeg kan oversætte visdommen for dig, med et ord.

Min stemme høres af hjerterne.
Jeg elsker ensomhed.
Jeg elsker dig, også når du føler det som om du er en fremmed.
Jeg lever gennem solen, kald gerne på mig.
Jeg hvisker gennem vindene.
Jeg er dit guddommelige hjerte.

Besked fra de ældste

Alle de ting, du har gjort godt
det der er skabt af kærlighed
synet af dit hjem
det lys du har bygget op
kan ses langt oppe fra

Ørnen - Høvdingen på himlen der viser vej - Overblik

Ørnen beder dig give slip på frygt og kontrol, så den kan vise dig vejen gennem det uvisse derhen hvor eventyret sker, når du giver slip.

Kongeørnen: - Overblik i nuet - kontakt

Vores forfædre i shamanismen siger, at når Kongeørnen kommer til dig, kan du ikke opnå større kraft her på jorden.

Dermed menes, Kongeørnens overblik er dit klarsyn, mod og styrke til at leve i den største tillid og fredfylthed, for Ørnen klarer resten.

Du kan opnå et liv med tillid til, at livet vil dig det smukkeste og bedste, og at alt kommer til dig, som du skal bruge det i nuet - det ved du - så nu handler det om at blive i kraften, og give din visdom videre på moder jord.

Du skal ikke længere bruge tid på at planlægge alting nøje.

Ørnen klarer overblikket og forberedelsen – Kongeørnen sørger for, at det du skal bruge til at give videre, kommer til dig helt af sig selv.

Når folk taler, får du beskeder direkte igennem din intuition og dit klarsyn.

Husk, at Ørnen er sendt fra mestrene, forfædre og mødre som kommer for at vise vej og støtte op.

Kongeørnens bekræftelse:

Jeg giver min visdom videre med lethed og tillid.
Jeg giver slip på lange forberedelser.
Jeg bliver i nuet, og nyder at give min visdom videre.
Jeg har kontakt til det højeste guddommelige rige.
Jeg stiller spørgsmål og Jeg lytter til svar gennem min intuition.

Taknemmelig er jeg.

Jeg ved, hvad jeg skal vide i nuet.

Tiger - urkraft - skaberkraft - seksualitet - livsgnist

Tigeren er særligt kraftfuld.
I Kina betragtes den som alle dyrs konge. I hinduistisk mytologi er tigeren forbundet med gudinden Kali, som repræsenterer skabelse, seksualitet, død og genfødsel.
I traditionel kultur blev tigre kun dræbt i selvforsvar af frygt for, at inspirere andre tigres kollektive fjendtlighed.

Da europæerne begyndte at sætte tigerfælder på Sumatra, gik de lokale indbyggere ud til fælderne for at forklare dyrene, at apparaterne ikke var konstrueret med deres samtykke.

Tigeren havde guddommelig status, en konge af alle kattedyr. ligesom alle katte har tigre kikkertsyn, hvilket giver dem større dybde, syn og evnen til at bedømme afstande nøjagtigt og ikke mindst se i mørke.

Ser tigeren dig i øjnene i en drøm eller trommerejse: symboliserer tigerens øje sund dømmekraft og skarp opfattelse.

Tigeren hjælper dig ind i din storhed, ind og finde kraften til at fokusere i dyb stilhed, ind i nuet, hvor din skaberkraft er stærk.

Når du bruger tigerens kraft i dig selv, vil din succes stille og smukt melde sig på banen.

Tigeren siger:

Vi må alle ind og lære vores åndelige og spirituelle styrke at kende. Her ligger vores skaberkraft, frihed og jordens udvikling. I stilhedens magiske rum finder du dig selv, hvilket skaber klarhed over din intuition, så du kan følge den.

Bliv stående i dig selv, hvis der bliver stille når du kommer ind i et rum. Din kraft er stor, når du står i dig selv. Vær blot dig selv. Tillad din energi at fylde.

Tigerens Bekræftelser:

Jeg fokuserer på at leve i nuet.
Jeg tager imod min succes og skaberkraft.
Jeg ærer og respekterer storheden i mig selv.
Jeg elsker min lyst til livet og styrken deri.

Kalkun - gaver - indsigt - støtte

Kalkunen er æret og velsignet af det oprindelige folk i Amerika. igennem ceremoni er kalkunens mange smukke fjer æret og opgraderet i Ørnens tjeneste for at beskytte den store ørnekonge på himlen.

Kalkunens budskab, støtte og spørgsmål.
Er der noget du mangler i dit liv?
Er der noget du har brug for at få opklaret eller løst?

Kalkunen har altid svaret klar og siger, være ikke i tvivl om, hvor stor en gave din sande indsigt er.

Husk, at hjælp kan altid fås, men også gives.
Nu er, det tid til at elske og nyde.

Det er når vi giver os selv lov til at leve fuldt ud, at gaverne vågner. Vigtigt at give slip på forældede holdninger og mønstre.

Du er værdifuld. lad nu kalkunen hjælpe dig med at skabe det liv, du drømmer om.

Se hvor kraftfuld og unik den er som sin helt egen.
Giv slip på de mennesker der vil stoppe dig på din rejse. Sæt dig selv fri til at modtage livets gaver.

Lær at respektere dine behov og drømme som det vigtigste i livet. Åben hjertet og gå efter det der kalder.

Hvis ikke du skal leve dit eget liv hvem skal så?
Den indsigt du har samlet i dit indre, er guld og vil hjælpe dig videre.

Ingenting bliver bedre af at leve tilbagetrukket i skyggen.

Bliv ikke bange eller rastløs. For at tage imod livet fuldt og helt er den største gave vi kan folde ud.
Lad kalkunen støtte dig.

Bekræftelse:

Jeg vælger livet fuldt ud.
Jeg er unik og helt min egen.
Jeg respekterer min indsigt i livet.

Vildsvin - stædig - modig - temperament

Vildsvinet giver aldrig op. Den er stædig, stærk og modig. nogen gange med et lidt voldsomt temperament, når tingene ikke lige vil som den.

Lad blot vildsvinet hjælpe dig med at tage din plads, men gør det i dit eget naturlige tempo, så du nyder vejen til målet.

Vildsvinet har en kraft som den stiller til rådighed, når du går vejen fra hjertet, som skaber en åndelig forbindelse og med en fantastisk jordforbindelse

Er du i krisetider, så hold ud, du er snart igennem til noget bedre.

Når du opdager denne kraft i dig selv, vil du smile. Alting bliver lettere, og du vil tiltrække stor glæde.

Vildsvinet husker dig på:
Pas på din kraft ikke vælter andre.
Går du med egoet vælter din verden.
Går du fra hjertet bliver alt glædeligt.

Det sjove er, at du må bruge din kraft til at ryde op i det indre. bruger du vildsvinets kraft lander du et dybere og smukkere sted i dig selv. Endda måske hurtigere end du aner.

Måske blev du trukket ud af din naturlige tilstand i din barndom.

I denne vilde verden, må vi rydde op i det indre, og lære at tage ansvar for vores kraft.

Vildsvinet er med dig giv ikke op. Brug dit mod og opdag livets muligheder på ny.

Bekræftelser:

Jeg mærker ind bag ved mit temperament.
Jeg rydder op i mig selv og mine omgivelser.
Jeg står i min kraft og lytter dybere ind.
Jeg finder min naturlige tilstand.
Jeg elsker livet.

Fisk - feminin energi - fertilitet - overflod

Fisken er et helligt symbol for mange folkeslag, den har taget form som guder og overnaturlige væsener.

Som en skabning af vandet er den forbundet med de feminine, livgivende energier, og er ofte en karakter i skabelsesmyter.

Trio, en stamme fra Brasiliens tropiske regnskove, fortæller historien om para para wa, en fisker, der får besøg af en åndekvinde, der rejser sig fra en fisks krop; åndekvinden viser para para wa, hvordan man dyrker planter, og hvordan man tilbereder dem.

For indianerne i Honduras er den ni-øjede havfrue Sirena alle fisks moder.
Pech-folket skabte særlige ceremonier før fiskeri for at bede Sirena om tilladelse til at tage nogle af hendes afkom.
Fisken understreger de feminine aspekter af dyreånden.

flyvefisken.

I vindenes medicin kommer flyvefiskene ofte ind fra Vest og taler om samarbejde, frisættelse og urkraft.

En kraft som støtter os i ikke længere at gå med alting alene, men at åbne op for samarbejde.
Fisken samarbejder i stimer , som når vi mennesker samarbejdede i vores stammer eller familie.

Dette skaber en skøn overflod på mange planer.

Fisken Siger:
Det er tid til at åbne for det dybe samarbejde igen. Åben op for de mennesker der passer ind i din energi.
Det er vigtigt at glide med ud i en ny form.
En form af den naturlige væren som rigtig mange savner, specielt her i norden.

Bekræftelser:
Jeg åbner op for fællesskab.
Jeg glider med ud i en ny form.
Jeg er opmærksom, med respekt for naturen.
Jeg healer vandet i mig - min feminine kraft.

Rensdyr - livets cyklus - genfødsel

Rensdyr foretager lange årlige vandringer, og er forbundet med livets cyklus. Inuitfolkene troede på, at når karavanerne vendte tilbage til dem hver sæson, så vendte sjæle også tilbage til jorden efter døden, idet de tog form af enten dyr eller menneske.

Dette betegner slægtskabet af alt liv og minder os om inuit-troen på den universelle sjæl.

At vi er besjælet, at vi ikke kan dø, at alt er en del af cyklus.

Rensdyret siger:
Tro på dig selv og din sjæl, gå dine egne veje, lyt til din sjæl i dit indre og modtag beskeder fra naturen og forfædrene.

Den guddommelige kærlighed bor i vores hjerter.
Følg naturens rytme.

Bekræftelse:
Jeg lytter til naturen i mig.

Besked fra de ældste

Nu har jeg sagt alle de ting, som jeg lovede dem, at jeg ville.
Jeg håber derigennem, at jeg gør min del.
Hvis skønheden omkring os skal gennemleve denne dag,
må vi hellere begynde at se - og pleje os selv og moder jord.

Besked fra de ældste

Som solen når den skinner.
Gennem fuldmånen om natten.
Der lyser jordens himmel op.
Her sender de mig til dig.
Jeg hører dit kald.

Ged - charme - fortræd - seksualitet - frugtbarhed

Den græske Ged æret i fortiden, var dels ged og dels mand og repræsenterede løssluppenhed og lune.
Den græske gud Dionysos var ofte repræsenteret ved billedet af en ged.

Bukken var også symbolet på pan, flokkens skovgud, frugtbarhed og natur.
Pan var en lystig guddom, hvis emblem var fallos. Når jagten var dårlig, eller flokkene faldt, gav grækerne Pan skylden og slog hans image med hellige urtebundter, for at frigive hans dårlige energier. Pan var således en tidlig syndebuk.

De Russiske bønder fortæller om lignende drilagtige skovånder leshii, som havde gedehove og horn samt sort pels, vinger og en hale.

I det nordiske blev geden kædet sammen med lyst til sex og frugtbarhed. I et digt om den nordiske frugtbarhedsgudinde Freja - står der: “Lysten du tøjte / løber om natten / som med bukke /brunstig ged.

Til alt det skal siges, at kommer vi så til Irland og oplever de hellige steder med cirkler og totem, er det tydeligt at her er bjerggeden æret for dens måde altid at nå til tops, ligemeget hvor stejl og besværligt bjerget er, skal den nok nå sit mål.

Geden Siger:
Vigtigt du kære ged, stenbuk, tiden er inde til at lære at nyde før du kan yde, bliver du mat og træt går død, gør du dig selv fortræd.
Du må du lytte til dine behov, om det er lysten eller gnisten der tændes i dig.

Brug din charme. Kald på din indre guddommelige kraft.

Måske er det tid til at folde frugtbarheden ud på alle planer.
Gør dig klar til en sjælepartner måske et nyt samarbejde vågner.

Tid til at slippe alle former for skyld og skam fra gammel tid.

Bekræftelse.

Jeg er og har fortjent den guddommelige kærlighed.
Jeg stopper med at gøre mig selv fortræd.
Jeg sætter mig selv fri til at følge min livsgnist.
Jeg er værdig til succes.
Jeg når altid mit mål.

Kronhjort - instinktiv energi - uafhængighed - udholdenhed

Et yndefuldt hurtigt og undvigende dyr, som symboliserer naturens kræfter, som ikke er lette at undertrykke.

Et hjortegevir, der fældes, vokser ud igen hver gang, er specifikt forbundet med ny begyndelse og fornyelse.

En hurtig hjort med gyldne gevirer var hellig for den græske gudinde Artemis, hvis rige var ørkenen og instinktive utæmmede ting.
En hjort er også et symbol, der kalder ind til en rejse, og viser dig den instinktive vej frem.
Kronhjorten optrådte ofte i sagn og myter, efter at et væsen lokkede en ridder ud i ørkenen.
I legenden om kong Arthur fører en hjort sir Gawain ind i skoven for at begynde sine eventyr.

Kronhjortens budskab beder dig om at træne dig selv til optimal udholdenhed på alle planer, fysisk, psykisk og spirituelt.
Dette indebærer også at turde overskride sine egne grænser og måske tage nye skridt.

Kronhjorten Siger:
Nå dit mål uden at brænde dit lys. Undgå at falde i fælder som konkurrence og jalousi. Falder du i vil udfordring som sorg, tristhed og angst vågne.

Lad kronhjorten lære dig at anskue tingene på en ny måde. Hold øje med hvad der foregår omkring dig, så du på alle måder passer på dig selv. Hjorten lærer dig at lytte til dine instinkter og nyde din uafhængighed.

Husk at mærke efter hvor meget du kan rumme. Husk at hvile og bevare freden i det indre sammen med hjorten.
Lær at elske din kraft og livet og tag med Kronhjorten på nye eventyr.

Hjorten vil lede dig og gå ved din side, hjælpe dig med at gå med nuet og bevare klarheden og huske dig på at du er noget helt særligt.

Bekræftelser:
Jeg bevarer roen og tager nye skridt.
Jeg passer på min kraft, energi og krop.
Jeg gør, hvad der er bedst for mig.
Mit liv er et eventyr.
Jeg følger mine instinkter.

Søhest - styrke- vejledning- transformation- feminin energi

Søhesten er et symbol på power. Den har ofte optrådt på europæiske adelsvåben og er forbundet med tapperhed og respekt. Den var hesten af den græske gud Neptun eller Poseidon, havets hersker.
Neptun blev ofte afbildet midt i enorme bølger i en vogn trukket af store havheste. Havhestene havde evner til at forhandle med det brusende hav.

Søhesten er et symbol på fysisk og åndelig transformation, den kommer til dig som guide i tider med forandring.

På grund af sin krumning og association med vandet, er søhesten gennemsyret af feminin energi.
Vandet i dig bliver renset for gammelt stof, du bliver ren.

Det feminine aspekt understreges, og kraften af søhesten er ofte vist som en kvindes velskabte form af væsenets krop
På havet skibe.
Traditionelt har det været malede træ figurer, som har skullet være en skytsånd for besætningen.

I en sådan transformation må man smide alt overbord. Alt det man troede man havde styr på må overlades til naturens ånd.

Vel videne at det hele bringer dig et nyt sted hen. Søhesten viser dig vej gennem vandene i dig, mange følelser kan være på spil, men bevar din styrke og tag imod din vejledning, for du lander et meget bedre sted.
Sæt fokus på det aller bedste for dig og favn dit indre.

Bekræftelser:

Jeg giver slip på alt - både viden og holdninger.
Jeg overgiver mig til livets bølgende og feminine kraft.
Jeg har kraften til at transformere mit liv.
Jeg favner de gamle følelser som går igennem.

Visdomsord:

Vi er i en tid, hvor universel fred vil blive alles eje.
En tid, hvor det der sker i verden, får os til at åbne hjerter for os selv og hinanden.
Lige nu ser det måske lidt sort ud når vi kikker ud i det ideelle samfund. Hvordan skal vi kunne opnå harmoni, fred, frihed og overflod til alle?

Dette kan kun ske som Einstein sagde, hvis menneskers bevidsthed udvikler sig og hæver sig op i nye dimensioner.

JA det er lige det vi er igang med.
Og den kære Einstein forudså det gennem en drømmerejse.

Jordens lysarbejdere, sender lys og kærlighed, løfter og udsender en vibrerende kærlighed, samtidig med at vi hviler i en form for bevidst tilstedeværelse.

Der sker rigtig meget fra hjerte til hjerte. Flere og flere åbner sig for kærligheden i sig selv. Det spredes som ringe i vandet.

Det kommer indefra og ud og ingen kan stoppe denne udvikling.

Kærligheden vil sejre i et stort ubevidst samarbejde gennem dig, mig, himmel og jord

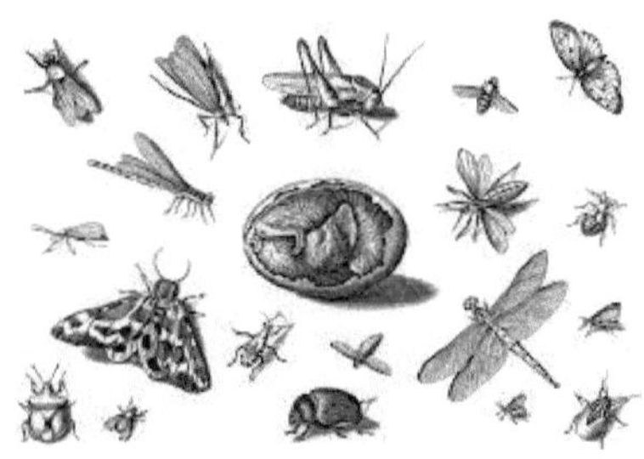

Insekter - forvandling - magi - åndelig fornyelse - renselse

Insekter er de mest jagtede, og nok det væsen de færreste holder af. De består af mere end 800.000 forskellige arter.
Deres evne til at forvandle sig fra pubben/ægget og flyve højt, har ført til hyppige symbolske associationer til åndeverdenen og åndelig fornyelse.

Deres kraft har længe været forbundet med feminin kraft, da hunnen er større og stærkere end hannen.

Insekterne er mad for mange dyr og fugle, de er rensende for naturen, og lever kun kort tid ad gangen på jorden.

Når denne visdom. Kommer til dig, er der en særlig åbning af energi, som du kan benytte dig, af en kraft som vil spørge dig omkring din visdom, hvordan kan du rense dig selv for gammel fordømmelse og give din egen visdom videre?

Tag imod tilbudet fra den åndelige verden. Energien er kun på gennemrejse og siger du ja og giver slip på det som jager din drøm, vil du hurtigt blive tryg og føle dig hjemme i dit eget space.

Insekternes budskab:
Kom ud af puppen og spred dine vinger, det er tid til at flyve højt.

Bekræftelser:
Jeg giver slip på alle former for fordømmelser jeg har lagt på mig selv.

Jeg springer ud af pubben og træder frem.
Mine guider beskytter mig.
Jeg spreder mine vinger og flyver med energien.

Vædder - offer - vækst - guddommeligt liv

Vædderen er et symbol fra gammel mytologi, der blev forbundet med ofring og rituel slagtning.
Vædderens død var ikke kun et offer, men en forløber for genfødsel og dermed et symbol på fornyelse.

Vædderens forening med nye begyndelser og nyt liv afspejles også i vædderens astrologiske tegn, som markerer starten på det astrologiske år om foråret.

I en fortidshistorie flygter helten Odysseus med nød og næppe fra Kyklophulens offerplads og den sikre død, ved at klamre sig til vædderens underliv, som skjuler ham fra kyklopsynet.

Kyklop stammer fra Grækenland og er en kæmpe med kun et øje, der sidder midt i panden og symbolisere det tredje øje, som ser ind i gudeverdenen. I dag også gennem flere dimensioner

Vædderen har stor kontakt til livets universelle træ.
Vædderen er hædret af kraftdyrene for at gå forest.

Hos Kalmuck-folket i Mongoliet ville en hvid vædder i flokken få titlen, himlens vædder og blive gjort hellig gennem ceremoni. Denne hellige vædder blev aldrig klippet.

Når vædderen kommer til dig, er det tid til at ære dig selv, at finde ind i dit hellige selv, gennem dit hjertes smukke kraft. Måske er du på vej ud af vinterhi.

Vædderen sender dig ny energi til en ny start og nye muligheder. Husk at fodre vædderen i dig med dine drømme, og giv den en lille offergave en gang imellem. Skab et sted som er helligt for dig, og hvor du kan være stille sammen med energien.
Det, er tid til at leve et guddommeligt liv.

Når først vædderen fanger dit budskab af drømmen, er det med at holde fast for så bliver der handlet på det og det kan gå stærkt fremad.

Det kan handle om nye begyndelser, flytning, parforhold, nyt job, at blive selvstændig og meget andet.
Pas på det ikke går for stærkt. Husk at mærke ind og få dig selv helt med. Ikke sælge eller ofre dig selv til noget der ikke siger ja inden fra dig. Alting skal føles sandt for dig.

Bekræftelser:
Jeg slipper mine offerroller.
Jeg elsker min nye forårsenergi.
Jeg gør mine drømme til virkelighed.
Jeg er Hellig gennem mit guddommelige hjerte.
Jeg handler i sandhed for mig selv.

Besked fra de ældste

Hvis du taler med dyrene, vil de tale med dig, og I vil kende hinanden. Hvis du ikke taler med dem. Vil du ikke kende dem, og hvad du ikke ved, vil du frygte.
Det man frygter ødelægger man.

Ørne Power - skaberens kraft - udforskning

Næsten enhver kultur, der har haft kontakt med ørne, har gennemsyret dem med kraft og indflydelse.
Indfødte amerikanske stammer tilbeder Ørne fuglen som den store ånd på himlen, alle tings skaber.

Ørnelegender involverer ofte rejser til farligt eller ukendt territorium.
En Nordvest- Native-myte fortæller om ørnen, der drager ud sammen med ulven, til landet af de døde for at hente de afdødes ånder.

Ørnefjer er således blevet brugt som talismaner af shamanistiske healere, der begiver sig ind i underverdenen. Fjeren gives som belønning for bedrifter af mod eller tapperhed.

Der er også skrevet om Ørne skiftere, hvor Ørnene viser sig med en kvindes ansigt, hvilket antyder kraften i den feminine arketype.
Ørnenes øjne dukker op i gentagne rækkefølge i det fjerne, hvilket betyder mod og fremsynethed.

Totem værgemål - kraft - forfædre - beskyttelse

Selvom verdens Totems stammer fra den algonske kirke, hvilket betyder, at mine pårørende, er kraften af dyrene i totem pæle.

Universelt i indiansk kultur og andre kulturer over hele kloden. Er dyr skytsånder eller vagtånder, og hver person og stamme har et eller flere dyretotem.

Børn arver totems, ved fødslen eller erhverver dem gennem ægteskab eller ved medlemskab af en klan, eller lærer om deres vågne tilstedeværelse, mens de er i trance.

Indfødte amerikanske dansere påberåber sig totems kraft ved at efterligne dyret i kropsholdning, og bevægelse og påklædning.

Totem er også repræsenteret som de smukkeste udskårne totempæle af træ, der fungerede som kraft og beskyttelse af byer og familier, eller en klan.

Besked fra de ældste

Vi begynder at stille spørgsmålstegn ved de ting, de sagde
om at bringe så meget godt til deres land og folk.
De lovede, at de ville tage sig af vores døtre og sønner,
At de ville gå med dem hånd i hånd.

Men som tiden går, med hver nymåne, synes de nu at være
mere bekymret over rigdom, end kvinder og børn, i deres
blodlinje, og deres hjerteslag.

Noter omkring dine dyr i dine drømme:

Hvad mærker du dit kraftdyr vil lære dig ?

Noter:

Mine Vigtige Bekræftelser:

Noter:

Afslutning:

Tusind tak for din interesse for dyrenes visdom.
I ønsket om at du har stor glæde af bogen.
Du kan opleve kraftdyrenes rejse i workshops hos
shamanhulen.dk
Hvor trommen tager dig med på rejse for at møde dine personlige dyr, hjælpe og lære dig at tage imod deres kraft og støtte.

Tak fordi du læste med og velkommen.

Takanaiya Schanne Bruun
Magisk lysarbejde Personlig Lykke

Krafdyrene i bogen:

Tegningerne i bogen kan printes gratis på pinterest.

Sider.

25. Bæltedyret - følelsesmæssige og fysiske grænser
26. Besked fra de ældste
27. Bæver - at bygge bro - samarbejde
28. Drage - transformation - Venteposition
29. Dådyr - nænsomhed - ubetinget kærlighed
30.
31. Delfin - Evne til at genoplive sin kraft - sand kommunikation
32. Besked fra en delfin
33. Edderkop - væver og samler livets tråde
34. En af Edderkoppens historier.
35. -
36. Hvad er liv ?
37. Egern - overbevisning er - kontrol - samler
38.
39. Elefant - forpligtelse - bevidsthed - lederskab
40. -
41. Elg - udholdenhed - selvtillid
42. -
43. Flodhest - dybder - rodfæstelse
44. Flodhestens Skyggeside
45. Ulv- visdom -misforståelser
46. Ulve - visdom
47. Visdoms ord
48. Besked fra de ældste.
49. Vaskebjørn - skyggesider og masker
50. Vaskebjørne visdom
51. Løve mod - nå dit mål - tag dit lederskab
52. Hvad er dit mål
53. Krokodille - alligator - risici - manipulation
54. Besked fra de ældste
55. Pumaen: - stolthed - skaberkraft
56. -

57. Besked fra de ældste
58. Besked fra de ældste
59. Jaguar - din egen vej - kraftfuld magi
60. -
61. Rotte - aktiv og intelligent
62. Rotten siger
63. Firben - Respekt for dine drømme.
64. Firben
65. Flagermus - Genfødsel - se igennem mørket
66. Råd fra en flagermus
67. Frø - fornyelse - forvandling
68. Frø
69. Giraf - overblik - visioner - jordforbindelse
70. Giraf
71. Gazelle - bevidsthed - sårbarhed
72. Gazelle
73. Guldsmed - illusion - lethed
74. Guldsmed
75. Hest - indre kommunikation - frihed - venskab
76. Hest
77. Humlebi - fællesskab og personlig power
78. Besked fra de ældste
79. Hval - visdom fra fortiden - sjælens lyd
80. Hval
81. Isbjørn - renhed - nye muligheder
82. Besked fra de ældste
83. Hare - frygt - leg - balance

84. Hare
85. Katten - overflod - uafhængighed - beskyttelse - helhed
86. kat
87. Mus - granske - find de røde tråde
88. Mus
89. Odder - glæde - leg
90. Odder
91. Besked fra de ældste
92. Besked fra de ældste
93. Ræv - List - seksualitet - sanser - healer
94. Ræv
95. Skildpadde - kvindens kraft - Jordforbindelse
96. Skildpadde
97. Skildpadde bøn
98. Besked fra de ældste
99. Slange - transformation - give slip- shamankraft
100. Slange
101. Sommerfugl - glæde, lethed, genfødsel
102. Sommerfugl
103. Zebra - individualitet - Samarbejde
104. Zebra
105. Tyr - Jordforbindelse - hellig Ceremoni
106. Tyr
107. Ko frugtbarhed - renhed - guddommelighed
108. Koen siger
109. Struds - træd frem - store skridt
110. Struds
111. Kraftdyr øvelse

112. Besked fra de ældste
113. Græshoppe: astralrejser - nye spring i livet - lydvibration
114. Græshoppe
115. Påfugl - portvogter - klarsyn - skønhed
116. Påfugl
117. Besked fra de ældste
118. Fabeldyr - øst kalder - mod og styrke
119. Pingvinen - sammenhold - leg - lethed
120. Pingvinen
121. Besked fra de ældste
122. Skarabæ - lykke - rigdom - kærlighed
123. Den hvide due - En hilsen fra dit højere selv
124. Besked fra de ældste
125. Ørnen - Høvdingen på himlen der viser vej - overblik
126. Ørnen
127. Tiger - urkraft - skaberkraft - seksualitet
128. Tiger
129. Kalkun - gaver -indsigt - støtte
130. Kalkun
131. Vildsvin - stædig - modig - temperament
132. Vildsvin
133. Fisk - feminin energi - fertilitet, overflod
134. Fisk
135. Rensdyr - livets cyklus - genfødsel
136. ——
137. Besked fra de ældste
138. Besked fra de ældste

Tak til Trillee Mogensen for hjælp til korrektur

Forlag: BoD – Books on Demand, Hellerup, Danmark
Tryk: BoD – Books on Demand, Norderstedt, Tyskland
ISBN: 9788743058304